妻子のためのハッピー相続対策

いまできること。
知っておくこと。

「争続」を回避するために、
今知っておきたい相続知識

◇死亡時・相続開始時における手続きとは?
◇法定相続と法定相続人とは?
◇相続財産の遺産分割でもめない方法は?
◇遺言書の正しい書き方?
◇遺言書を作成すべき人々は誰?
◇かしこい相続対策は?

菊谷正人［監修］
肥沼　晃　國谷玲子
副島正雄　澁谷　和［著］

税務経理協会

はしがき

人は必ず死にます。死ぬ前に、認知症になるかもしれません。

死んだ後には、親族等に相続税が重くのしかかってきます。そこで、生前から相続税についての対策を講じる必要があります。

相続に関する親族間の揉め事（争族）を防ぎ、相続人が相続税を納付期限に間に合うように納税するためには、財産をある程度お持ちの方は生前から準備しておく必要があります。

その準備としては、大きく分けて「相続内容の明文化」と「相続税対策」の二つがあります。

誰が、どの財産を、どれだけ相続するのかという相続内容が具体的に生前に明文化されていれば、無用な争族は避けられるでしょう。

「相続内容の明文化」としては、「遺言書」を作成することが最も効果的な方法です。

その場合に、遺言書に記載された相続内容を確実に実行してもらうためには、正しい書式で、法的効力のある遺言書を作成することが肝要です。そのためには、遺言書の正しい作成方法と書式を知っておく必要があります。

さらに、自分の死後、相続人には相続税がかかりますので、生前に十分な「相続税対策」をしておくほうがよいでしょう。どのようにして相続税を節税し、いかにして納税資金を確保させるのかという相続税対策です。

自分の死後に、相続をめぐる親族・家族内の紛争（争族）を防止し、家族・親族に良い関係を維持させるためには、「相続内容の明文化」と「相続税対策」の両方を生前から行っておくことは必要不可欠な作業なのです。

わが国における平均寿命は伸び、少子高齢化が進展する一方で、高齢者間の再婚が増加するなど、相続を取り巻く社会経済状況は大きく変容してきました。このため、相続開始時における配偶者の年齢も相対的に高くなり、被相続人ばかりでなく相続人も高齢化し、「老老相続」が一般化してきました。

このような高齢化の進展や国民の権利意識の高まり等に対応するために、民法における「相続」の規定が、昭和五五年の改正（配偶者の法定相続分の引上げ、寄与分制度の新設等の明文化）以来、実に四〇年ぶりに大幅に改正されています。

平成三〇年七月六日に「民法及び家事事件手続法の一部を改正する法律」が成立し、同年七月一三日に公布されました。この法律の成立によって、民法の第五編「相続」に関する規定が改正されています。

主として、配偶者の死亡により残された他方配偶者（主に夫に先立たれた高齢の妻が想定されています）の余生への配慮の観点から、新規に「配偶者居住権」、「配偶者短期居住権」、「婚姻期間二〇年以上夫婦の自宅の遺産分割対象除外」、「特別寄与料」等が設けられるとともに、従来の遺産分割制度・

遺留分制度も抜本的に改正されました。

このような遺産分割等の大幅な見直しによって、老齢化した配偶者や特別寄与者に対する経済的保護が図られ、「遺産分割協議」も円満に整うことが期待されています。

さらに、高齢化に対応し、親族間における相続をめぐる紛争・揉め事（争族）を防止する観点から、高齢者が自筆証書遺言書を作成しやすくするために「自筆証書遺言方式」の要件が緩和されました。法務局において自筆証書遺言に係る遺言書を保管する制度の創設のために、「法務局における遺言書の保管等に関する法律」が同年七月一三日に公布されました。

この制度の創設によって、遺言の利用が促進され、早期に遺産を巡る法律関係を確定して相続登記に資することが期待されています。

これらの改正法・新法は、次のように平成三一年一月から順次に施行されることになっています。

○「自筆証書遺言方式の緩和制度」（平成三一年一月一三日施行）
○「葬儀費用等の必要資金のために故人の預貯金を引き出せる制度」（令和元年七月一日施行）
○「婚姻期間二〇年以上の夫婦の自宅贈与に対する遺産分割対象除外制度」（令和元年七月一日施行）
○「相続人でない者の特別寄与料制度」（令和元年七月一日施行）
○「配偶者が自宅にそのまま住める配偶者居住権制度」（令和二年四月一日施行）
○「自筆証書遺言書の法務局保管制度」（令和二年七月一〇日施行）

本書では、四〇年ぶりに改正された相続法および新設された「遺言書保管法」を含めて、遺産相続対策としての遺言書作成および相続税対策について、基本的な重要事項がコンパクトにわかりやく解説されています。

本書を一読することで、遺言書の正しい書き方と適正な相続税対策を習得してください。

余生を憂いなく過ごせ、死後における争族の心配もなくすために役に立てることができるならば、本書の使命を果たせたことになります。

令和元年大晦日

監修者記す

目次

第二章　法定相続と法定相続人

目　　次

第三章　相続財産の遺産分割

第四章　遺言書の正しい書き方

目　次

第六章　相続税対策

第一章

死亡時・相続開始時における手続き

1

相続は死亡とともに始まります

相続とは、人の死亡に伴い、その死亡した者（**被相続人**といいます）が生前に持っていたすべての財産（**相続財産**といいます）を受け継ぐことです。

「相続財産」を受け継ぐ配偶者・子供など、一定の関係のある者は、**相続人**と呼ばれています。

人は、老衰・病死、交通事故、水難事故、地震・津波、火災などによって亡くなりますが、人が死亡した時には「相続」が開始することになっています。

したがって、「死亡」の日時は、相続において非常に重要ですが、一般的には「心臓の停止」などにより医師の死亡宣告時点となります。

一定の期間、生死不明である人に対しては、法律上、死亡したものとみなす**失踪宣告**によっても、「相続」が開始することがあります。

「失踪《しっそう》宣告」は、不在者の配偶者・相続人・財産管理人などの利害関係人からの申立てにより、家庭裁判所が行います。

蒸発による「不在者」（それまでの住所や居所からいなくなり、容易に戻る見込みのない人）については、次のような二種類の「失踪宣告」があります。

①　その生死が七年間にわたって明らかでない場合における**普通失踪**

②　震災・船舶の沈没・戦争などの死亡原因となる危難に遭遇し、その危難が去った後一年間にわたる生死不明な場合における**危難失踪**（**特別失踪**ともいいます）

「失踪宣告」を受けた人は、家庭裁判所から失踪宣告された時点ではなく、「普通失踪」の場合には失踪から七年経過した時、「危険失踪」の場合にはその危難時（たとえば、船舶の沈没の場合には沈没の時）に死亡したものとみなされます。

また、震災や火災などによって、死亡は確実なのですが、遺体が発見されていない場合には、その取調べを行った役所は死亡地の市区町村長に死亡を報告します。これを**認定死亡**といい、法律上、「死亡」と同様に扱われて、相続が開始します。

飛行機事故などの危難に遭遇し、多くの人が亡くなった場合には、死亡した人たちの死亡時期の前後を調べるのは極めて難しいことです。

そこで、数人が死亡し、死亡した時期の前後が明らかでない場合には、同時に死亡したものと推定されます。

このように、死亡原因はさまざまですが、いずれにしても、死亡という事実があれば「相続」は開始します。

2 遺族が行う死亡届の手続きは大変です！

人が死亡した場合には、次のような順番で**死亡届**の届出義務を負っています。

① 同居の親族

② その他の同居者

③ 家主・地主または家屋もしくは土地の管理人

なお、同居の親族以外の親族でも、届け出ることができます。

「死亡届」の届出義務を負う人（親族や同居人）は、その事実を知った日から七日以内（国外で死亡した時は、その事実を知った日から三か月以内）に死亡の届出を行わなければなりません。

「死亡届」を提出しないと火葬することができないので、ほとんどの場合には、亡くなった日あるいはその翌日に届出が行われているようです。

死亡届には、基本的には次の事項等を記載することになっています。

① 死亡者の氏名

② 死亡者の性別

③ 死亡者の生年月日

④　死亡した時
⑤　死亡したところ
⑥　住民登録をしているところ
⑦　死亡者の本籍地
⑧　配偶者の有無
⑨　届け人の住所・氏名

提出先としては、「死亡者の本籍地」、「届け人の住所地」または「死亡した場所」のいずれかの市区町村役場になります。

「死亡届」は、「死亡診断書（死体検案書）」との一枚用紙に印刷され、左側半分が「死亡届」欄、右側半分が「死亡診断書（死体検案書）」欄になっています。したがって、「死亡届」と「死亡診断書（死体検案書）」はセットで提出することになります。

死亡診断書には、医師が診療または診察した患者の死亡について、死亡した患者の氏名・性別・生年月日、死亡原因などを記載し、署名・捺印しています。

死体検案書（死亡診断書と同じ様式になっています）には、突然死・事故死などの場合において医師が死体を検案し、死亡事由などに関する検案を記載しています。検案した医師が発行するものですので、「死亡診断書」と同様に、死亡の事実を証明する効力があります。

● 死亡診断書（死体検案書）の様式 ●

消せるボールペンは使わないでください。

死亡診断書(死体検案書)

この死亡診断書(死体検案書)は、我が国の死因統計の資料としても用いられます。かい書で、できるだけ詳しく書いてください。

	氏名	高橋 源太郎	①男 2 女 ／ 生年月日 明治 (昭和) 令和 大正 平成 23 年12月25日 (生まれてから30日以内に死亡したときは生まれた時刻も書いてください。) 午前・午後 時 分
	死亡したとき	令和 元 年 7 月 9 日 (午前) 午後 4 時 10 分	
(12) (13)	死亡したところ及びその種別	死亡したところの種別	①病院 2 診療所 3 介護医療院 介護老人保健施設 4 助産所 5 老人ホーム 6 自宅 7 その他
		死亡したところ	東京都港区虎ノ門4丁目5 ~~番地~~ 番 6号
		(死亡したところの種別1～5) 施設の名称	佐々木病院 (　　)
(14)	死亡の原因 ◆Ⅰ欄、Ⅱ欄ともに疾患の終末期の状態としての心不全、呼吸不全等は書かないでください ◆Ⅰ欄では、最も死亡に影響を与えた傷病名を医学的因果関係の順番で書いてください ◆Ⅰ欄の傷病名の記載は各欄一つにしてください ただし、欄が不足する場合は(エ)欄に残りを医学的因果関係の順番で書いてください	Ⅰ (ア)直接死因	脳出血 ／ 発病(発症)又は受傷から死亡までの期間 10時間
		Ⅰ (イ)(ア)の原因	動脈硬化症 ／ 4か月
		Ⅰ (ウ)(イ)の原因	
		Ⅰ (エ)(ウ)の原因	
		Ⅱ 直接には死因に関係しないがⅠ欄の傷病経過に影響を及ぼした傷病名等	◆年、月、日等の単位で書いてください ただし、1日未満の場合は、時、分等の単位で書いてください (例:1年3か月、5時間20分)
		手術 1無 2有	{部位及び主要所見} 手術年月日 令和 平成 年 月 日
		解剖 1無 2有	{主要所見}
(15)	死因の種類	1病死及び自然死 外因死 不慮の外因死 {2交通事故 3転倒・転落 4溺水 5煙、火災及び火焔による傷害 6窒息 7中毒 8その他} その他及び不詳の外因死 9自殺 10他殺 11その他及び不詳の外因 12不詳の死	
(16)	外因死の追加事項 ◆伝聞又は推定情報の場合でも書いてください	傷害が発生したとき 令和 年 月 日 午前・午後 時 分	傷害が発生したところ 都道府県 市 区 郡 町村
		傷害が発生したところの種別 1住居 2工場及び建築現場 3道路 4その他( )	
		手段及び状況	
(17)	出生1年未満で病死した場合の追加事項	出生時体重 グラム ／ 単胎・多胎の別 1単胎 2多胎(子中第 子) ／ 妊娠週数 満 週	
		妊娠・分娩時における母体の病態又は異常 1無 2有 ( ) 3不詳 ／ 母の生年月日 昭和 平成 年 月 日	前回までの妊娠の結果 出生児 人 死産児 胎 (妊娠満22週以降に限る)
(18)	その他特に付言すべきことがら		
(19)	上記のとおり診断(検案)する	診断(検案)年月日 令和 年 月 日 本診断書(検案書)発行年月日 令和 年 月 日	
	(病院、診療所介護医療院若しくは老人保健施設等の名称及び所在地又は医師の住所)	東京都港区白金台1丁目3 ~~番地~~ 番 6号	
	(氏名) 医師	斎藤 晃	印

記入の注意

- 生年月日が不詳の場合は、推定年齢をカッコを付して書いてください。
- 夜の12時は「午前0時」、昼の12時は「午後0時」と書いてください。
- 「老人ホーム」は、養護老人ホーム、特別養護老人ホーム、軽費老人ホーム及び有料老人ホームをいいます。
- 死亡したところの種別で「3 介護医療院・介護老人保健施設」を選択した場合は、施設の名称に続けて、介護医療院・介護老人保健施設の別をカッコ内に書いてください。
- 傷病名等は、日本語で書いてください。Ⅰ欄では、各傷病について発病の型(例:急性)、病因(例:病原体名)、部位(例:胃噴門部がん)、性状(例:病理組織型)等もできるだけ書いてください。
- 妊娠中の死亡の場合は「妊娠満何週」、また、分娩中の死亡の場合は「妊娠満何週の分娩中」と書いてください。産後42日未満の死亡の場合は「妊娠満何週産後満何日」と書いてください。
- Ⅰ欄及びⅡ欄に関係した手術について、術式又はその診断名と関連のある所見等を書いてください。紹介状や伝聞等による情報についてもカッコを付して書いてください。
- 「2交通事故」は、事故発生からの期間にかかわらず、その事故による死亡が該当します。「5煙、火災及び火焔による傷害」は、火災による一酸化炭素中毒、窒息等も含まれます。
- 「1住居」とは、住宅、庭等をいい、老人ホーム等の居住施設は含まれません。
- 傷害がどういう状況で起こったかを具体的に書いてください。
- 妊娠週数は、最終月経、基礎体温、超音波計測等により推定し、できるだけ正確に書いてください。
- 母子健康手帳等を参考に書いてください。

● 死亡届の様式 ●

死　亡　届

令和 元 年 ７ 月 ９ 日届出

東京都千代田区長 様

受理 令和 年 月 日 第 号	発送 令和 年 月 日					
送付 令和 年 月 日 第 号	印					
書類調査	戸籍記載	記載調査	調査票	附票	住民票	通知

(1)	(よみかた)	氏 たかはし　名 げんたろう
(2)	氏　名	高橋　源太郎　☑男　□女
(3)	生年月日	昭和23年 12 月 25 日（生まれてから30日以内に死亡したときは生まれた時刻も書いてください）□午前 □午後　時　分
(4)	死亡したとき	令和 元 年 7 月 9 日 ☑午前 □午後 4 時10分
(5)	死亡したところ	東京都港区虎ノ門4丁目5 ~~番地~~ 番 6 号
(6)	住　所（住民登録をしているところ）	東京都千代田区霞が関1丁目1 ~~番地~~ 番 1 号 （方書） 世帯主の氏名 高橋　源一
(7)	本　籍（外国人のときは国籍だけを書いてください）	東京都千代田区丸の内1丁目1 番地 ~~番~~ 筆頭者の氏名 高橋 源太郎
(8)(9)	死亡した人の夫または妻	☑いる（満 70 歳）　いない（□未婚　□死別　□離別）
(10)	死亡したときの世帯のおもな仕事と	□1. 農業だけまたは農業とその他の仕事を持っている世帯 □2. 自由業・商工業・サービス業等を個人で経営している世帯 □3. 企業・個人商店等（官公庁は除く）の常用勤労者世帯で勤め先の従業者数が1人から99人までの世帯（日々または1年未満の契約の雇用者は5） □4. 3にあてはまらない常用勤労者世帯及び会社団体の役員の世帯（日々または1年未満の契約の雇用者は5） □5. 1から4にあてはまらないその他の仕事をしている者のいる世帯 □6. 仕事をしている者のいない世帯
(11)	死亡した人の職業・産業	（国勢調査の年…平成　年の4月1日から翌年3月31日までに死亡したときだけ書いてください） 職業　　産業
	その他	
	届出人	☑1. 同居の親族　□2. 同居していない親族　□3. 同居者　□4. 家主　□5. 地主 □6. 家屋管理人　□7. 土地管理人　□8. 公設所の長　□9. 後見人　□10. 保佐人 □11. 補助人　□12. 任意後見人 住所 東京都千代田区霞が関1丁目1 番地 番 1 号 本籍 東京都千代田区丸の内1丁目1 番地 ~~番~~　筆頭者の氏名 高橋　正一 署名 高橋　正一　印　昭和56年10月14日 生

字削除
字加入
字訂正

事件簿番号	

死亡者と届出人の続柄	火葬場所

連絡先　電話　―　―　自宅・勤務先・携帯

記入の注意

鉛筆や消えやすいインキで書かないでください。

死亡したことを知った日からかぞえて7日以内に出してください。

死亡者の本籍地でない役場に出すときは、2通出してください（役場が相当と認めたときは、1通で足りることもあります。）。2通の場合でも、死亡診断書は、1通でさしつかえありません。

→「筆頭者の氏名」には、戸籍のはじめに記載されている人の氏名を書いてください。

→内縁のものはふくまれません。

□には、あてはまるものに☑のようにしるしをつけてください。

→死亡者について書いてください。

届け出られた事項は、人口動態調査（統計法に基づく基幹統計調査、厚生労働省所管）、がん登録等の推進に関する法律に基づく全国がん登録（厚生労働省所管）にも用いられます。

→後見人、保佐人、補助人及び任意後見人が届出人のときは、その資格を証明する登記事項証明書又は裁判所の謄本を持参してください。

◎届出人の印をご持参ください。

3 「埋葬許可証」は紛失しないように！

「死亡届」（および「死亡診断書（死体検案書）」）を役所に提出し、受理されたら、すぐに死体火葬許可申請書を提出すれば、「死体火（埋）葬許可証」が交付されます。

死体火葬許可証は、火葬する際に必ず火葬場に提出しなければなりません。

なお、火葬場で火葬が終わると、遺骨とともに「死体火（埋）葬許可証」に火葬の日時を記入・捺印して返却されます。これが**埋葬許可証**となります。

「埋葬許可証」は、納骨する時に寺院、墓地の管理事務所などに提出します。

この埋葬許可証は再発行してもらえませんので、紛失しないように収骨箱に入れておくとよいでしょう。

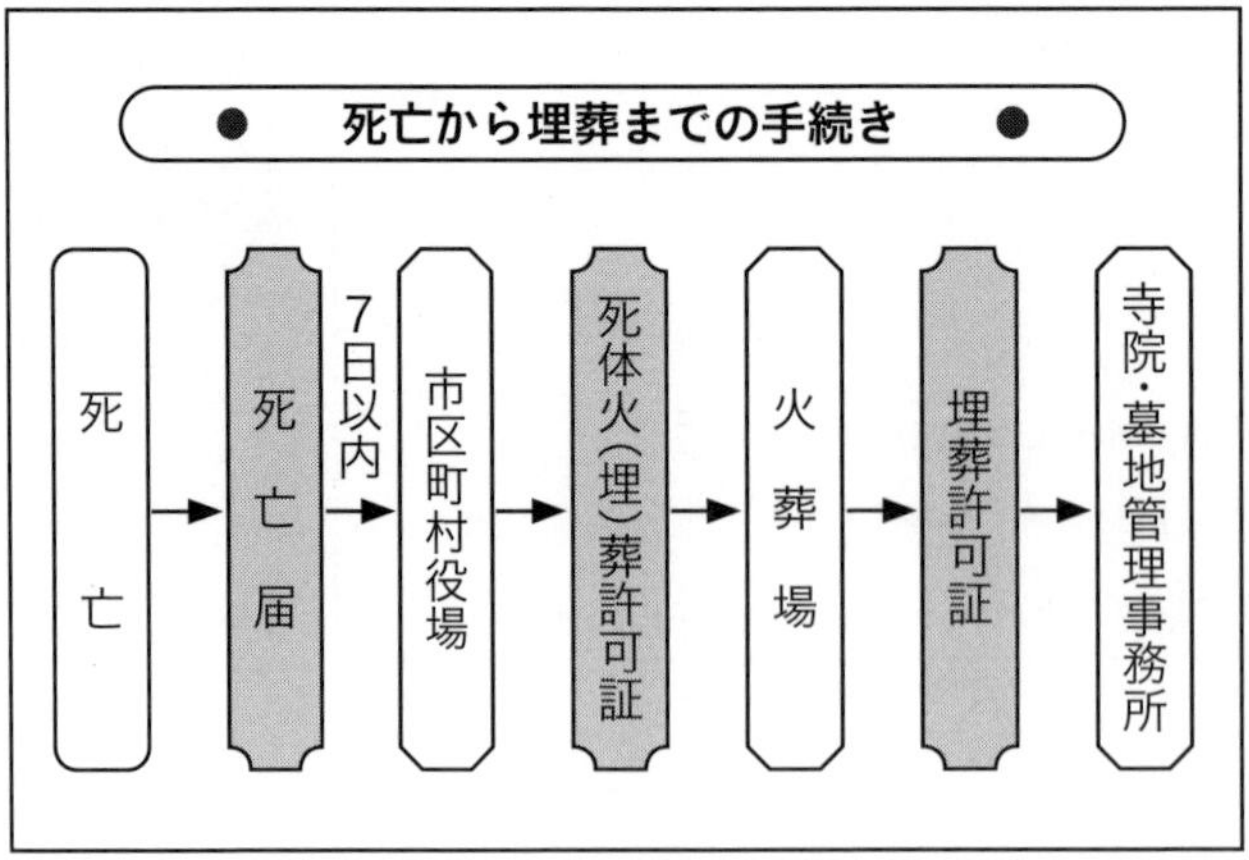

4　葬儀費用の工面が民法改正で楽になりました！

葬儀には、次のような費用がかかり、思いのほか高額になりがちです。

① 死体の運搬（および捜索）にかかった費用

② 葬式に係る費用（たとえば、葬儀場・告別式場代、お浄《きよ》めセット代、通夜等の飲食代、喪服の賃借料、タクシー代など）

③ 火葬代、埋葬・納骨に係る費用

④ お布施《ふせ》・戒名料《かいみょうりょう》・読経料《どきょうりょう》など

突然の死亡により葬儀費用や医療費が多額に上った場合は、緊急に資金を工面しなければなりません。亡くなった人の預貯金から葬儀代を支払おうとしても、今までは、相続人による「遺産分割協議《いさんぶんかつきょうぎ》」（後述します）が終わるか、さもなければ相続人全員の同意がないと引き出すことはできませんでした。

しかし、平成三〇年の民法改正によって、令和元年七月一日以降は、故人（被相続人）の預貯金について、相続人が単独で一定額を引き出すことができるようになりました。

この改正により、葬儀費用などの必要な資金を引き出せないといった不便さが解消されています。

相続人が預貯金を引き出せる方法として、①「金融機関に直接依頼する方法」、②「家庭裁判所に申し立てする方法」の二つがあります。

この①「金融機関に直接依頼する方法」では、金融機関ごとに下記の計算式のような上限額があります。

ただし、一つの金融機関から引き出せる上限額は、一五〇万円となっています。

次の②「家庭裁判所に申し立てる方法」では、上限額は相続人の法定相続分となります。

この方法によれば、①の方法よりも上限額は多額になるかもしれませんが、裁判所への申立手続きが煩雑であること、引出し理由が必要になるというデメリットもあります。

したがって、被相続人の預貯金口座からの引出金額やその用途によって、①と②を使い分ける必要があります。

■計算式

被相続人の預貯金残高× $\frac{1}{3}$ ×相続人の法定割合

5 借金を多く残されている場合には相続放棄をしましょう！

相続税は、被相続人の死亡により相続人が相続または遺贈《いぞう》（遺言により法定相続人以外の個人に財産を与えること）によって取得した相続財産に対して課税されます。

課税財産には、有形・無形を問わず、金銭的に見積可能な経済的価値のあるものすべてが含まれます。

相続では、預貯金・有価証券・不動産などのプラスの相続財産（資産）だけではなく、借金・未払金などのマイナスの相続財産（債務）も相続人により引き継がれることになっています。「現金とか土地は相続するけど、借金なんか相続したくない」というような選択はできません。

このように、資産も債務もすべて引き継ぐことを**単純承継**といいます。この場合には、特別な手続きは必要ありません。「相続の開始」を知ってから三か月内に、単純承継したものとみなされます。

「単純承継」の場合には、債務の相続は、原則として、民法上の「法定相続分」（後述します）の割合に応じて、各相続人が弁済していくことになります。

故人（被相続人）が多額の借金を残した場合には、「相続放棄」という方法が利用できます。

相続放棄とは、被相続人の「プラスの相続財産」（資産）も「マイナスの相続財産」（債務）もすべて放棄し、相続しないことです。

相続放棄を行いたい時には、「相続の開始」を知ってから三か月以内に、**相続放棄申述書**を家庭裁判所に提出しなければなりません。この期間を**考慮期間**といいます。

相続財産の調査に時間を要する場合などには、三か月の期間を延長してもらうこともできます。

相続放棄が家庭裁判所により認められますと、その相続人は初めから相続人でなかったものとみなされます。

6 プラスの相続財産を限定承認することもできます

故人（被相続人）が残した財産について、プラスの相続財産とマイナスの相続財産のどちらのほうが多いかわからない場合もあります。そのような時には、「限定承認」という方法が利用できます。

限定承認とは、「マイナスの相続財産」（資産）を「プラスの相続財産」（債務）から返済していき、プラスの相続財産が多かった場合には、相続人は残余財産を相続し、マイナスの相続財産が多い場合には返済責任を負わないという制度です。

限定承認の場合にも、「相続の開始」を知った時から三か月以内に、**限定承認申述書**を家庭裁判所に提出する必要があります。

「限定承認」を行う際に相続人が複数いる場合には、その手続きが少し厄介になります。つまり、限定承認は、相続人全員が共同で申述しなければならないことになっています。相続人のうちに一人でも反対者がいれば、「限定承認」はできません。

ただし、限定承認に反対する相続人が相続放棄した場合には、その人は初めから相続人ではなかったことになりますので、その他の相続人全員で限定承認できることになります。

7 故人が行っていた身元保証は相続しなくてもよい

被相続人（たとえば、父親）が友人の息子の**身元保証**（身元保証契約書の提出）を引き受けたところ、その息子が会社の三億円を横領したという場合、身元保証人である父親は、その会社から三億円の損害賠償を請求されます。

このような不確定な債務までを身元保証人（故人）の相続人に負わせるのは酷なことです。

したがって、不確定な保証を与える身元保証契約は、原則として、相続されないことになっています。

ただし、生前に故人（父親）が会社から身元保証契約の損害請求をされていた場合には、相続人は故人（被相続人）の損害賠償債務を負うことになります。

なお、身元保証契約においては、期間を定めていなければ三年、また五年を超える期間を定めていたとしても五年間が保証期間とされます。

8 連帯保証・連帯債務は相続しますので用心!

実際にお金を借りた人と連帯して債務を負う保証は**連帯保証**、その連帯保証債務を負う人は**連帯保証人**と呼ばれています。

「連帯保証人」は、あくまでも債務を保証するだけですので、お金を借りた本人が返済できない場合に限り、初めて借入先から返済の請求を受けることになります。

連帯債務とは、同一の債務に対して、複数の債務者が各自独立して責任を負う債務のことをいいます。その連帯債務を負う人は、**連帯債務者**と呼ばれています。

「各自独立した責任を負う債務」とは、たとえば夫婦が総額五、〇〇〇万円を連帯債務で借りた場合に、夫婦それぞれが借入先に対して五、〇〇〇万円全額について責任を負うことです。したがって、夫が全額の弁済を行えば、妻はこの債務を免れることになります。

このような「連帯保証」や「連帯債務」については、相続が発生したときには、実務上は相続人が法定相続分の割合で引き継ぐことになります。

9 公的な機関から葬儀代が受給できます

葬儀には、棺桶、祭壇、遺影、焼香用具一式、お花、案内看板、お布施代、参列者への飲食代など、さまざまな費用（葬儀代）がかかります。

このような葬儀代に対して、健康保険に加入していた人が亡くなった場合には、一定の葬祭費・埋葬料などが支給されます。

○　国民健康保険の被保険者が死亡した場合には、葬祭を行った人には**葬祭費**が支給されます。「葬祭費」を受給するためには、故人の国民健康保険証、葬儀を行ったことがわかるもの（葬儀の領収書、請求書、会葬礼状など）、葬祭を行った人の振込口座のわかるものおよび印鑑を持参し、市区町村に申請する必要があります。**葬祭費**の金額は市区町村によって異なりますが、一般的には三万円～七万円程度が支給されます。

○　後期高齢者医療保険の被保険者が死亡した場合には、葬儀を行った人の請求により葬祭費が支給されます。

葬祭費を受給するためには、故人の後期高齢者医療費保険証（保険証）のほかに、葬儀を行ったことがわかるものを持参するなど、市区町村に対して国民健康保険の葬祭費の申請と同様の手続きが必要となります。

○　社会保険の被保険者が死亡した場合には**埋葬料**、その扶養家族が死亡した場合には**家族埋葬料**、身寄りがない社会保険の被保険者が亡くなり埋葬費用を支払った人がいた場合には**埋葬費**という名称で、一律五万円（埋葬費は五万円の範囲内で埋葬にかかった費用）が支給されます。

埋葬料等は、社会保険事務所あるいは健康保険組合・共済組合に請求します。

「葬祭費」、「埋葬料」などは、葬祭を行った日の翌日から二年を経過すると、支給してもらえなくなります。

なお、死亡原因が業務上の事故あるいは通勤途中の事故である場合には、労働保険から埋葬料、葬祭給付、遺族補償給付などが支給されます。この場合は、国民健康保険などからの支給はありません。

10　相続人がいないときには財産は国庫に入ります

身寄りのない人が他界された場合、遺体は自治体（市町村）によって処理されることになっています。

各自治体によって若干の相違はありますが、職権に基づいて、身寄りがない遺体には火葬の予約、埋葬許可書の用意、簡素な葬儀等が行われています。

火葬後の一定期間は、自治体は遺骨を保管し（実際には寺などに預け、埋葬しない）、身寄りの有無を確認します。身寄りが確認された場合には、遺骨の引取りを依頼します。

一定期間を経過しても引取り手のない遺骨は、預け先の寺などで読経のうえ、合葬します。

故人の相続人の存在が明らかでない場合には、相続人が見当たらない相続財産は**相続財産法人**とされます。

家庭裁判所は、財産の管理や相続人の捜索を行う「相続財産管理人」を利害関係人または検察官の請求によって選任し、公告します。

公告後、二か月以内に相続人が現れなかった場合には、「相続財産管理人」は清算に着手します。その際、二か月を下回らない期間を定めて、相続債権者や受遺者（相続財産を受け継ぐ法定相続人以外の人）に対して請求の申出を行うように公告します。

この期間経過後にも、相続人の存在が不明である場合には、六か月を下回らない期間に、相続人であるならば権利を主張する旨を公告します。

相続人が不存在となった際の清算後の残余財産については、故人と特別の縁故があった**特別縁故者**であり、分与を受けることが相当と認められた人は、その財産を受け取ることができます。

「特別縁故者」が財産を受け取るためには、六か月を下回らない権利主張期間の満了後、三か月以内に請求の申立てを行わなければなりません。

なお、「特別縁故者」には、叔父、叔母、義娘、内縁の妻、事実上の養子、故人の療養看護に努めた

● 相続人がいないときの財産処分手続き ●

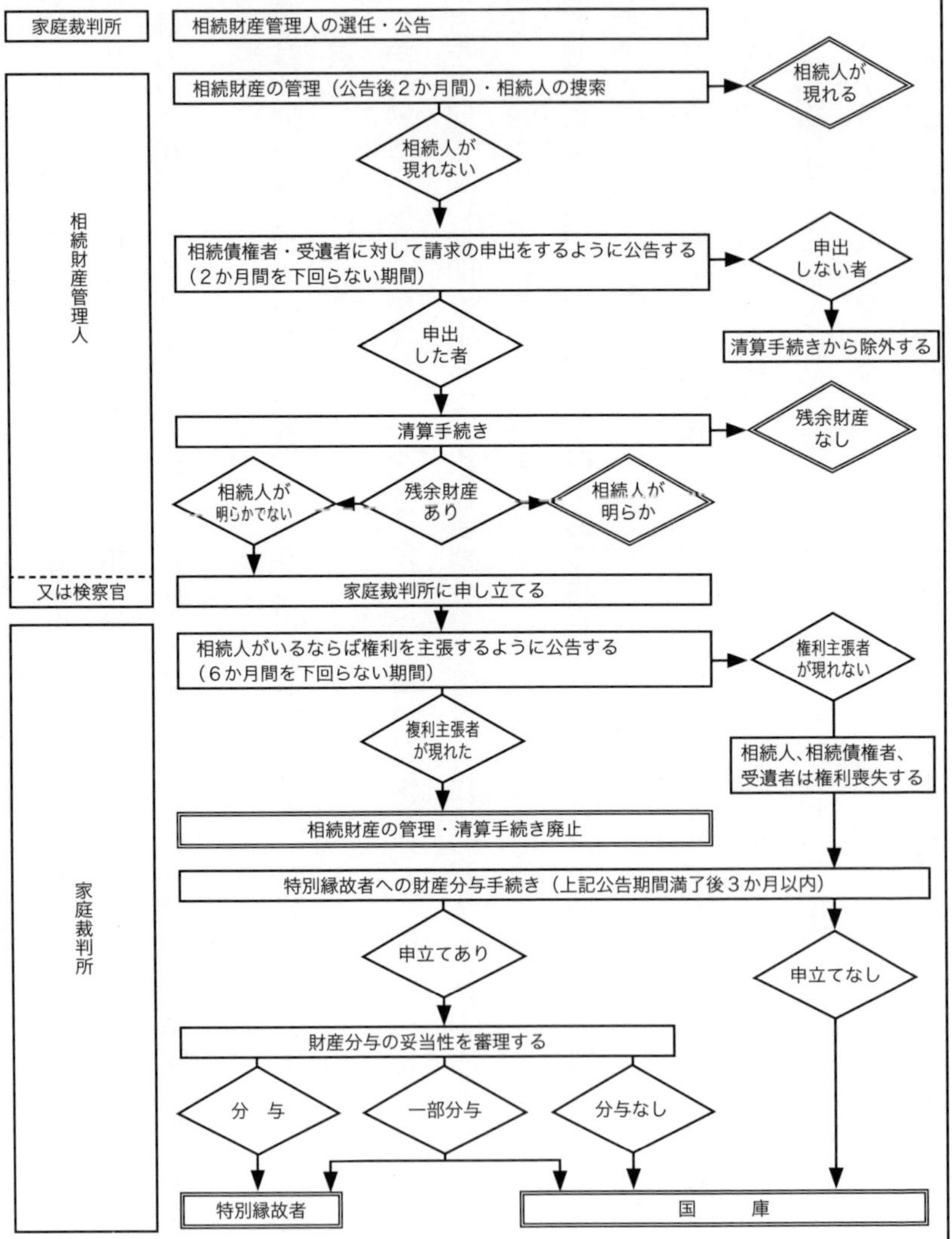
家庭裁判所
相続財産管理人の選任・公告
相続財産管理人
相続財産の管理（公告後２か月間）・相続人の捜索
相続人が現れる
相続人が現れない
相続債権者・受遺者に対して請求の申出をするように公告する（２か月間を下回らない期間）
申出しない者
清算手続きから除外する
申出した者
清算手続き
残余財産なし
相続人が明らかでない
残余財産あり
相続人が明らか
又は検察官
家庭裁判所に申し立てる
家庭裁判所
相続人がいるならば権利を主張するように公告する（６か月間を下回らない期間）
権利主張者が現れない
複利主張者が現れた
相続人、相続債権者、受遺者は権利喪失する
相続財産の管理・清算手続き廃止
特別縁故者への財産分与手続き（上記公告期間満了後３か月以内）
申立てあり
申立てなし
財産分与の妥当性を審理する
分　与
一部分与
分与なし
特別縁故者
国　　庫

人などが該当します。

特別縁故者がいない場合や、特別縁故者に一部の財産を分与しても残余財産がある場合には、その財産は国庫に帰属することになります。

第二章　法定相続と法定相続人

1 法定相続人は配偶者と血族相続人に限定されています

相続は、原則として、**遺言**（後述します）によって行われます。

したがって、財産を遺した故人（被相続人）の自由な意思（遺言）によって、どんな財産を誰に相続させるのかを決めることができます。

ただし、「遺言」によって特に指定されていない限り、その遺産は**法定相続人**（民法で定めている親族）が相続することになります。これを**法定相続**といいます。

民法で定めている「法定相続人」の範囲は、被相続人（故人）と配偶関係にある**配偶者**と血族関係にある**血族相続人**に限定されています。

「血族相続人」は、直系尊属（父母）、直系卑属（子供）および傍系血族（兄弟姉妹）に分けられます。

「配偶者」は常に相続人となりますが、「血族相続人」の相続順序は次のように決められています。

第一順位：配偶者および被相続人の直系卑属
第二順位：配偶者および被相続人の直系尊属
第三順位：配偶者および被相続人の傍系血族

したがって、故人（被相続人）に第一順位の直系卑属（子供）がいる場合は、第二順位の直系尊属（父と母）と第三順位の傍系血族（兄弟姉妹）は相続権がなくなります。

また、非嫡出子《ひちゃくしゅつし》（正式な婚姻関係にない男女間に生まれ、認知されている子）にも、子供として相続権が与えられています。

被相続人に、子供（第一順位の相続人）がいない場合には父母（第二順位の直系尊属）、子供も父母（第一順位・第二順位の相続人）もいない場合には兄弟姉妹（第三順位の傍系血族）が、「法定相続人」となります。

なお、相続人となる子供または兄弟姉妹が被相続人よりも先に（相続開始前に）亡くなっていた場合等には、その者の子供が相続人に代わって相続権を持つことができます。これを**代襲相続**《だいしゅうそうぞく》といいます。

「代襲相続」は、次のような場合に発生します。

①　相続人である子供、兄弟姉妹が相続開始前に死亡していた。

②　相続人である子供、兄弟姉妹が「相続人の欠格事由」（後述します）に該当し、相続権を失った。

③　相続人である子供、兄弟姉妹が「相続の廃除」（後述します）に該当し、相続権を失った。

子供が他界していれば、**法定相続人**は孫となり、孫も亡くなっていれば、ひ孫が**代襲相続人**となります。

法定相続人の第二順位である直系尊属（両親、祖父母）に対しては、「代襲相続」はありません。

● 法定相続人の相続順位 ●

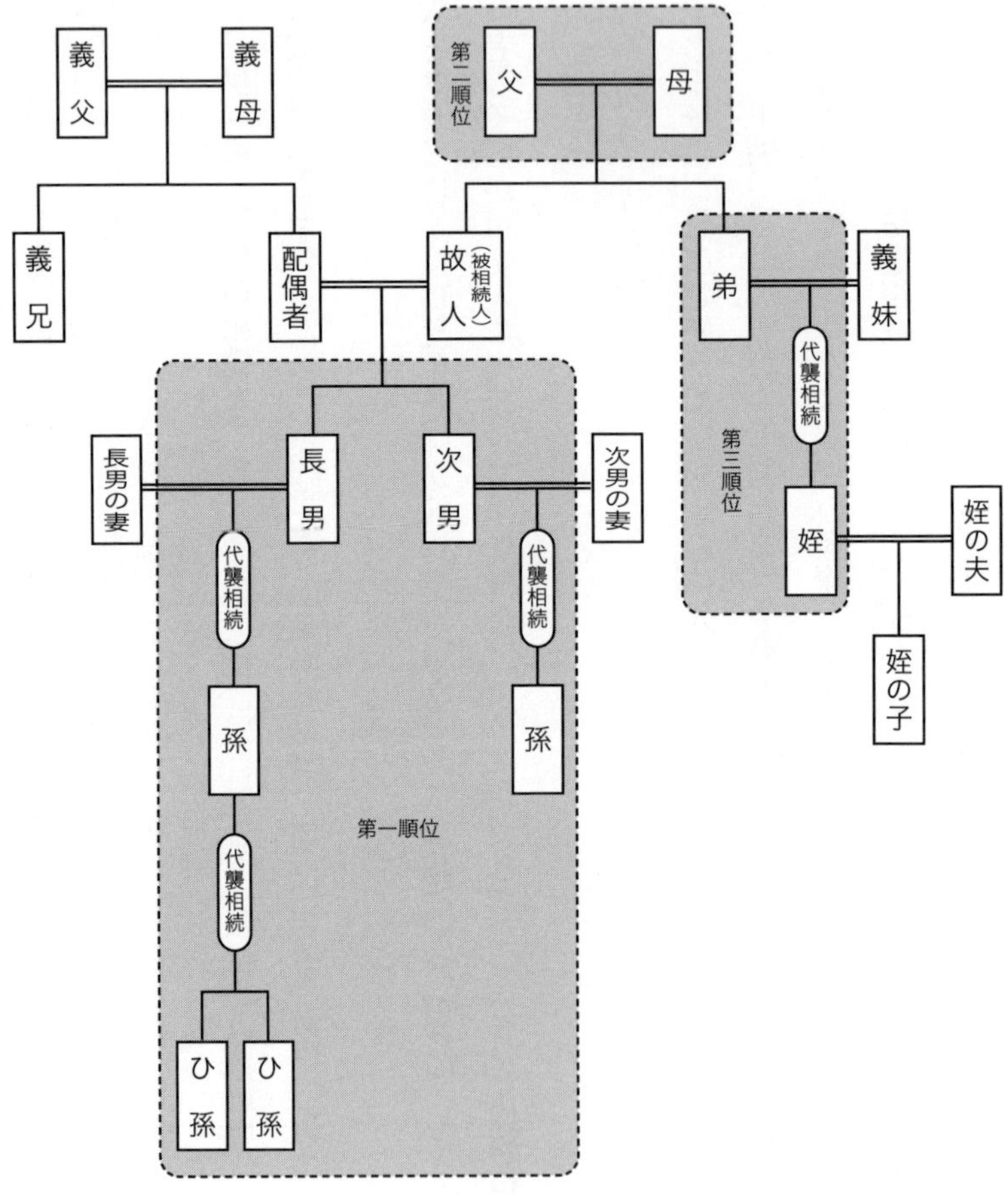

※配偶者は常に相続人です。

その場合、被相続人との親等がより近い直系尊属が相続することになっています。すなわち、最も近い尊属が現れた段階で、その人が相続人になれます。

たとえば、母親は死亡したが、父親は健在であり、亡くなった母方の祖父母も健在である場合には、相続人は父親となります。

これに対して、母方の祖父母は、父親という最も近い尊属が存在するため、母親に代わって相続人になることはありません。

なお、法定相続人の第三順位である傍系血族（兄弟姉妹）に対する「代襲相続」は、一代のみしか認められていません。すなわち、兄弟姉妹の代襲相続人は、兄弟姉妹の子である甥や姪までに限られています。

2　養子縁組による養子にも相続権があります

養子縁組とは、もともと親子の血縁関係のない者同士に、法律上の親子関係を成立させることをいいます。

養子縁組には、「普通養子縁組」（「一般養子縁組」ともいいます）と「特別養子縁組」の二つがあります。

普通養子縁組とは、養子が実親との親子関係を持続したうえで、新しく養親との親子関係を生じさせることをいいます。

「普通養子縁組」では、実親との親子関係を維持したままですので、養子になった子供は、実親の子供であり、かつ、養親の子供でもあるということになります。

したがって、普通養子縁組における相続では、実親と養親の相続権を二重に持つことになり、実親が亡くなったときにも養親が亡くなったときにも、相続人になれます。

養子が養親よりも先に他界していた場合における「代襲相続」は、養子の子供（養親の孫）の出生

● 養子縁組届けの手続き ●

届出期間	定めはありません 届出日から効力が生じます
届出人	養親および養子（養子が15歳未満のときは代理人）
届出場所	いずれかの市町村役場 ・養子の本籍地 ・養親の本籍地 ・届出人の所在地
必要書類等	・届出書　1通（証人2名の署名、押印が必要） ・戸籍全部事項証明書（戸籍謄本）養親と養子の各1通 ・家庭裁判所の許可書（未成年者を養子にする場合等） ・養親、養子の印鑑（養子が15歳未満のときは代理人の印鑑）
養子縁組の成立要件	当事者に縁組の意思の合致がある 養親が成年に達している 養子となる人が、養親となる人の年長者でない

が養子縁組の先であったか後であったかによって異なります。
すなわち、養子縁組後に生まれた子供（養親の孫）は代襲相続人にはなれますが、養子縁組前に生まれた子供は代襲相続人となることができません。

特別養子縁組とは、戸籍上、養子が実親との親子関係を断絶することにより親子関係を終了させ、養親が養子を実子と同じ扱いにする縁組をいいます。

この場合における養子を「特別養子」といい、実親との血縁関係はあっても法律上は他人となりますので、この特別養子と実親はお互いに相続人となることはできません。

また、孫と養子縁組を行い、孫の父親（子供）と兄弟になるケースも考えられます。このケースでは、その孫は実父の子供でありながら、兄弟でもあるという形になります。

実父が祖父（養父）よりも先に死亡していた場合には、その養子である孫は、養子（子）としての相続権と、父の代襲相続人（孫）としての二重の相続権を持つこととなります。

兄弟姉妹が法定相続人となる場合には、養子の実の兄弟姉妹、養子縁組による兄弟姉妹にかかわりなく、「法定相続人」にもなり、「被相続人」にもなります。

3 出生前の胎児も相続できます

相続人になれる人は、相続開始時に生存していなければなりません。たとえば、子供が親よりも先に亡くなっていた場合には、すでに亡くなった子供は、この世に存在しないので相続人にはなれません。

しかし、母親のお腹の中の子供（胎児）は、相続開始時にこの世に存在しなくても、生きて産まれてくることを条件にして、相続人になることができます。

民法の規定によれば、「胎児は相続に関してはすでに生まれたもの」とみなされています。つまり、出生前の子供（胎児）に相続権が認められています。

ただし、胎児が死んで生まれた場合には、相続権は認められません。

4 内縁の妻は法定相続人から除外されます

婚姻届を提出していない「内縁関係」の夫婦は、いくら事実婚であっても夫婦とは認められません。

たとえば、夫が戸籍上の妻（**正妻**ともいいます）と別居し、別の女性（**内縁の妻**）と一緒に何年も暮らしていても、「内縁の妻」には相続権はありません。配偶者としての相続の権利はすべて「**正妻**」（戸籍上の妻）にあり、「内縁の妻」の相続権は弱いのです。

仮に戸籍上の妻がいない場合であっても、内縁関係である限りは、「内縁の妻」は相続人にはなれません。

ただし、二人で一緒に築き上げた財産が「内縁の夫」の単独名義となっている場合には、「内縁の妻」は、内縁関係の解消の際に「内縁の夫」に対して財産分与の分割を請求できます。

しかし、内縁の夫が死亡した場合に、「内縁の夫」の相続人に対して財産分与の分割請求を行っても、裁判所は認めない判断を下しています。

内縁関係では相続は認められませんが、遺言で「内縁の妻」に遺贈することはできます。内縁関係者に財産を遺したい場合には、お互いに「遺言書」を作成しておくとか、あらかじめ財産を分与しておくなどの事前の対策が必要です。

5 内縁の妻も財産分与を請求できることがあります

「内縁の夫」に相続人がいないことを民法の手続きによって確定した場合には、内縁関係者は家庭裁判所へ申し立てることにより、財産の分与を受けられる場合があります。これを**特別縁故者の財産分与**といいます。

家庭裁判所に申立てができる**特別縁故者**は、次のような人たちです。

① 故人と生計を一にしていた人
② 故人の療養看護に努めた人
③ 故人と特別の縁故があった人

「特別縁故者がどれだけ財産をもらえるか」については、はっきりした規定がありません。申立てを受けた家庭裁判所では、特別縁故関係の内容・濃淡、特別縁故関係の性別・年齢・職業、財産の種類・内容・金額、その他の事情を調査・考慮して、申立人が特別縁故者に該当するか、あるいは分与の相当性や程度を審理し、審判を行います。

6 娘婿は法定相続人ではありません

民法では、結婚後には、夫の姓または妻の姓のどちらかを選ぶことになっています。どちらの姓に統一するのかは自由に決められますが、大多数の夫婦は夫の姓を名乗っているのが実情のようです。

結婚により夫が妻の姓を名乗った場合、「婿養子」と俗称されることがありますが、養子縁組による「養子」と妻の姓を名乗る「婿」とでは、相続上の地位は異なります。

夫が妻の姓を名乗ったとしても、妻の親の養子の地位を得たわけではなく、単なる妻の配偶者に過ぎません。したがって、夫（婿）は妻の父母の相続人になることはできません。

ましてや、妻の両親と妻の実家で同居する夫（たとえば、アニメの「サザエさん」に登場するマスオさん）は、異なる姓で同居しているだけであり、相続人の地位を得たことにはなりません。

7 配偶者と血族相続人の法定相続分はどのくらい？

故人（被相続人）が「遺言」を残している場合には、相続財産はその遺言に従って分けることになります。

「遺言」が残されていなかった場合は、「法定相続人」が相続します。

法定相続人が一人しかいない場合には、相続財産はすべてその人に受け継がれることになっていますが、複数の法定相続人がいるときには、相続財産は共有となります。

複数の法定相続人は、民法で定められた割合に応じて、財産をどう分けるかについて話し合うことになります。

民法で定められている割合を**法定相続分**といい、法定相続人の構成によって次のように決められています。

① 配偶者と直系卑属：配偶者に二分の一、直系卑属（子供）に二分の一

② 配偶者と直系尊属：配偶者に三分の二、直系尊属（父母、祖父母）に三分の一

③ 配偶者と傍系血族：配偶者に四分の三、傍系血族（兄弟姉妹）に四分の一

故人（被相続人）に子供がなく、配偶者のみが相続する場合には、配偶者が遺産の全部を相続しま

● 法定相続人と法定相続分 ●

⑴　配偶者のみが相続する場合（配偶者が全部を相続します）

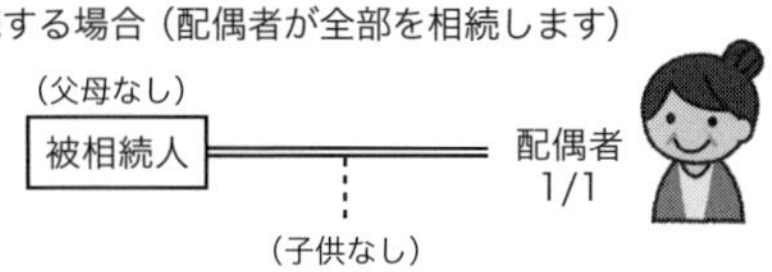

⑵　配偶者と子供が相続する場合（配偶者が1/2、子供が1/2を均等に相続します）

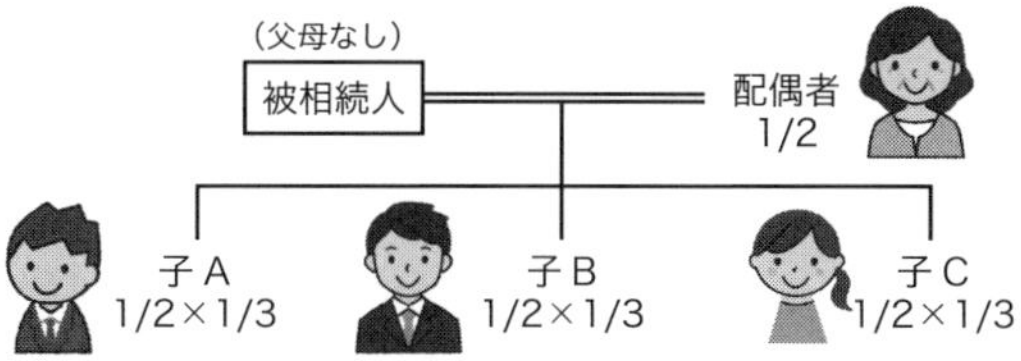

⑶　配偶者と直系尊属（父母）が相続する場合（配偶者が2/3、父母に1/3を均等に相続します）

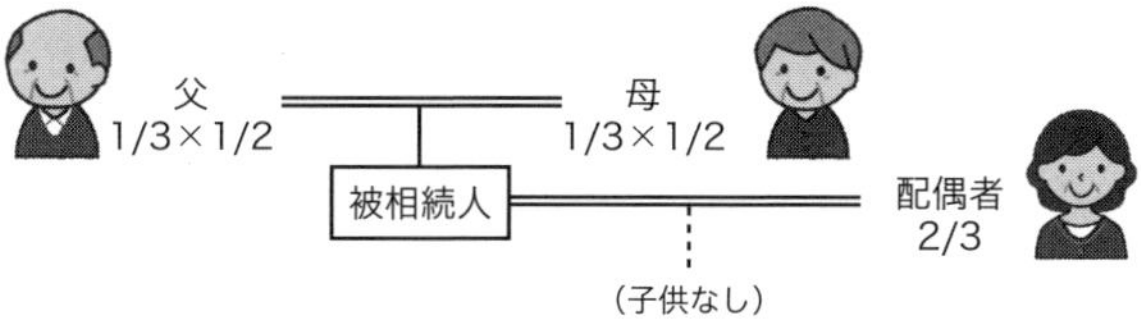

⑷　配偶者と兄弟姉妹が相続する場合（配偶者が3/4、兄弟姉妹が1/4を均等に相続します）

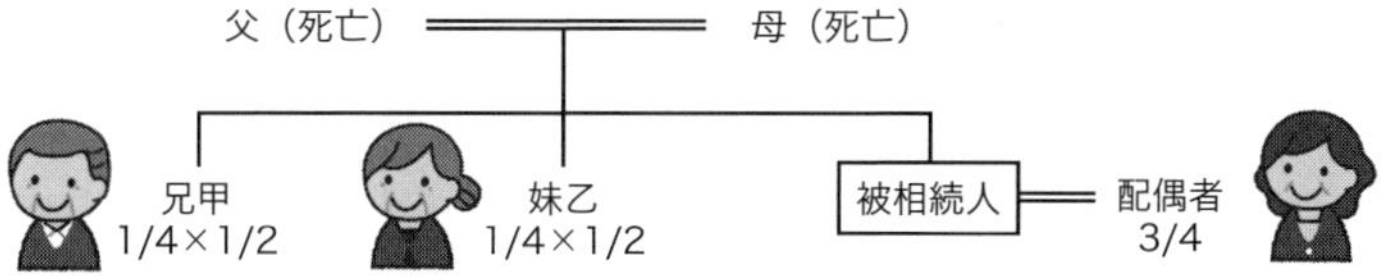

⑸　子の一人が死亡し、孫が代襲相続する場合（代襲相続人の孫は、本来相続するはずであった子の法定相続分を受け継ぎます）

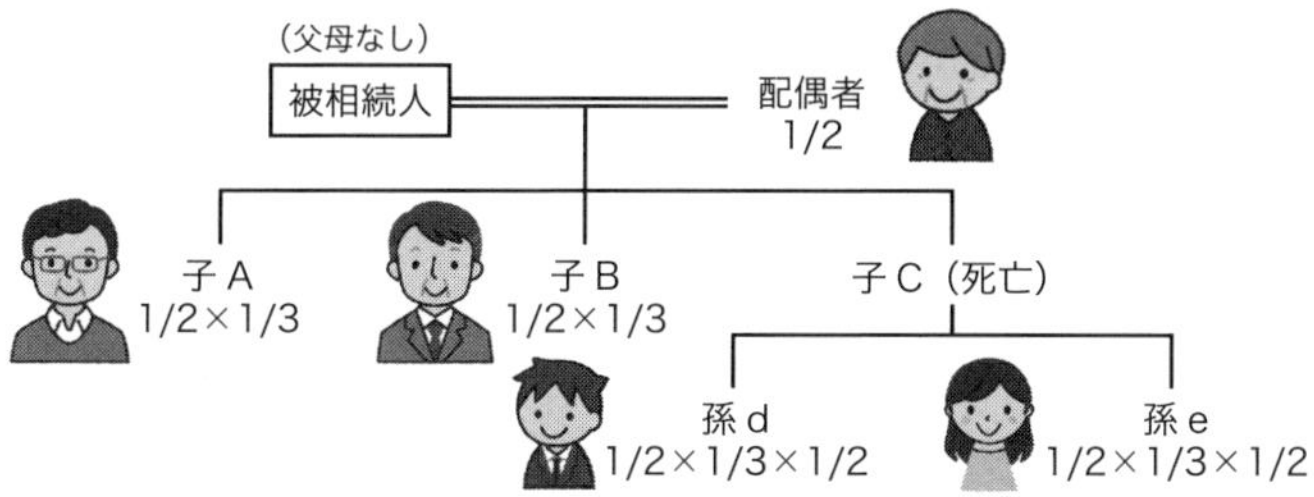

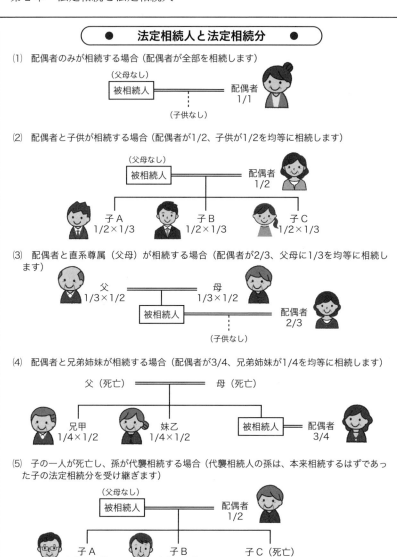

す。なお、故人の配偶者も他界し、相続人が子供だけである場合、子供だけで均等按分します。

故人に配偶者も子供もいない場合には、直系尊属が全部を相続しますが、直系尊属の相続順位は、第1順位に親、第2順位に祖父母となっています。

直系卑属、直系尊属、傍系血族または代襲相続人の人数が複数である場合には、各自の相続分は均等となります。

たとえば、前記①において子供が二人いる場合には、それぞれの子供の法定相続分は四分の一、②において直系尊属が二人いる場合には、それぞれの直系尊属の法定相続分は六分の一、③において兄弟姉妹が二人いる場合には、それぞれの兄弟姉妹の法定相続分は八分の一になります。

「代襲相続人」の相続分は、本来、相続するはずであった法定相続人の相続割合と同じになります。代襲者が複数いる場合は、その人の相続分は均等に分けることになります。

8 愛人の子・前妻の子の法定相続分はどのくらい？

法律上の夫婦でない男女の間に生まれた不倫・愛人の子（非嫡出子）には、認知されていなければ相続権はありません。

従来、認知された場合における法定相続分は、法律上の夫婦の間に生まれた正妻の子（嫡出子）の二分の一でしたが、平成二五年九月四日に憲法第一四条第一項の規定「すべての国民は、法の下に平等であつて、人種、信条、性別、社会的身分又は門地により、政治的、経済的又は社会的関係において、差別されない。」に違反すると判示した最高裁判決を受けて、平成二五年一二月五日に民法が改正され、嫡出子と同じ相続分になりました。

また、父母の一方のみを同じくする兄弟姉妹（半血兄弟姉妹、異母兄弟と俗称されています）の相続分は、従来、父母の双方を同じくする兄弟姉妹の二分の一でしたが、父母双方共通の兄弟姉妹の相続分と同じになっています。

9 養子の法定相続分はどのくらい？

養子も、実子と同様の法定相続分を持つ権利があります。

養子となった子供が親よりも先に死亡し、親が相続人となるケースにおいては、実親、養親ともに相続人になります。その相続分の割合は、実親・養親ともに等しいものとなります。

普通養子縁組において、配偶者も子供もいない養子が死亡し、法定相続人は実父・実母・養父である場合には、法定相続分はそれぞれ三分の一ずつとなります。

● 養子縁組における法定相続分 ●

(a) 普通養子縁組の養父と実父が死亡した場合

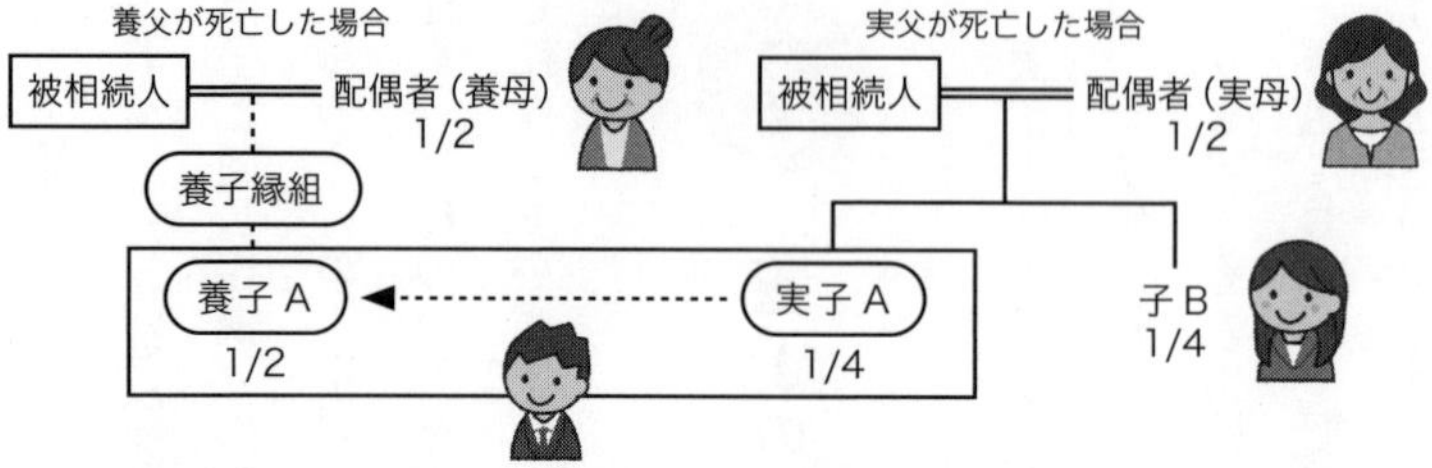

(b) 普通養子縁組の子が死亡し、養父、実父母が相続する場合

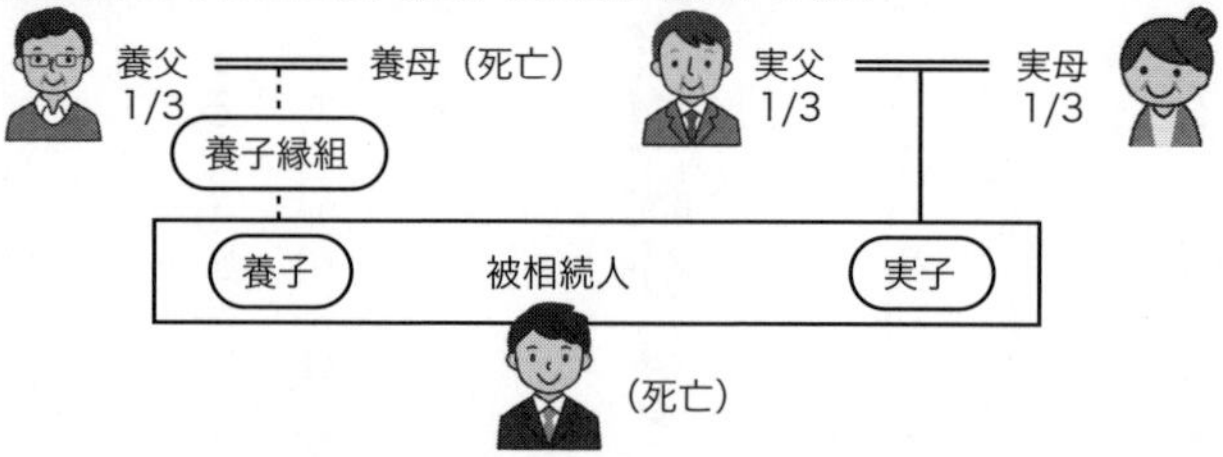

(c) 祖父と養子縁組、実父がなくなった後に祖父（養父）が死亡した場合

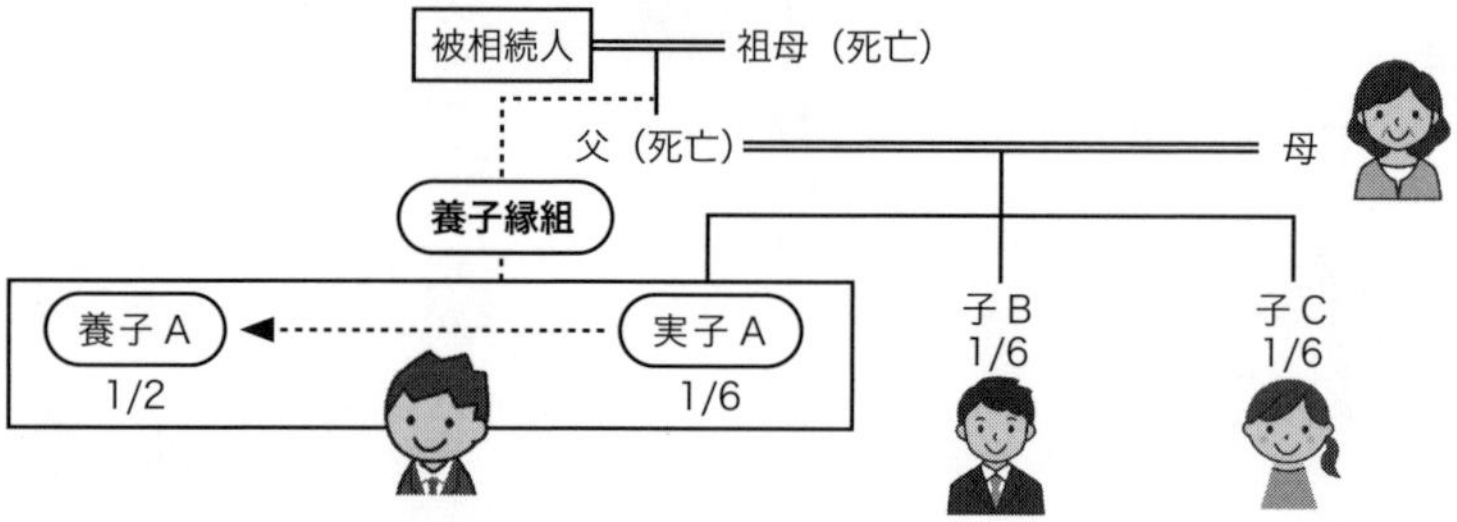

(d) 特別養子縁組における相続分

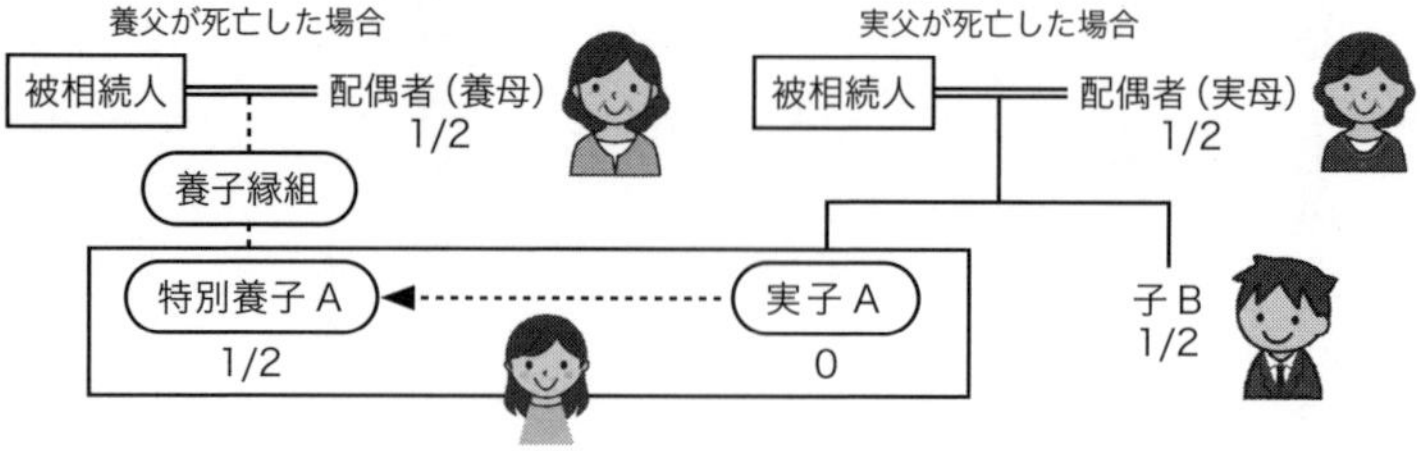

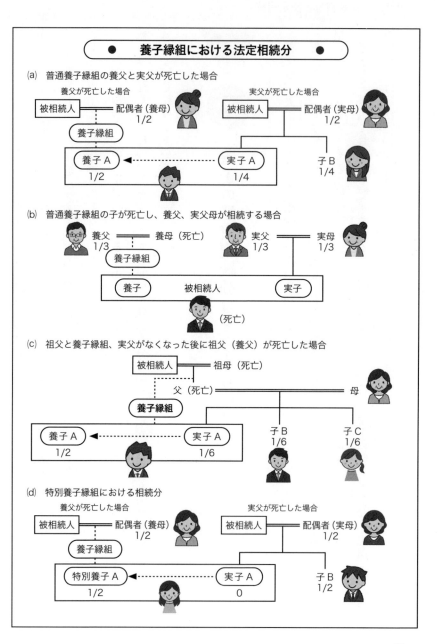

10 胎児の法定相続分はどうなりますか？

胎児にも、直系卑属（実子）と同様に、法定相続分の相続権が得られます。

胎児の相続権は、「死んで生まれたのか」、「生まれてからすぐに死んだのか」によって、相続人や相続分に重大な影響を及ぼします。

① 夫婦の間に初めての子供が宿ったが、胎児の父親が亡くなった場合

② その後、胎児の父親の父親（祖父）が亡くなり、胎児が出生した場合

前記①の段階では、他界した父親の法定相続分は、胎児が生まれれば妻と子供に二分の一ずつ、死んで生まれれば妻に三分の二と親に三分の一ということになります。

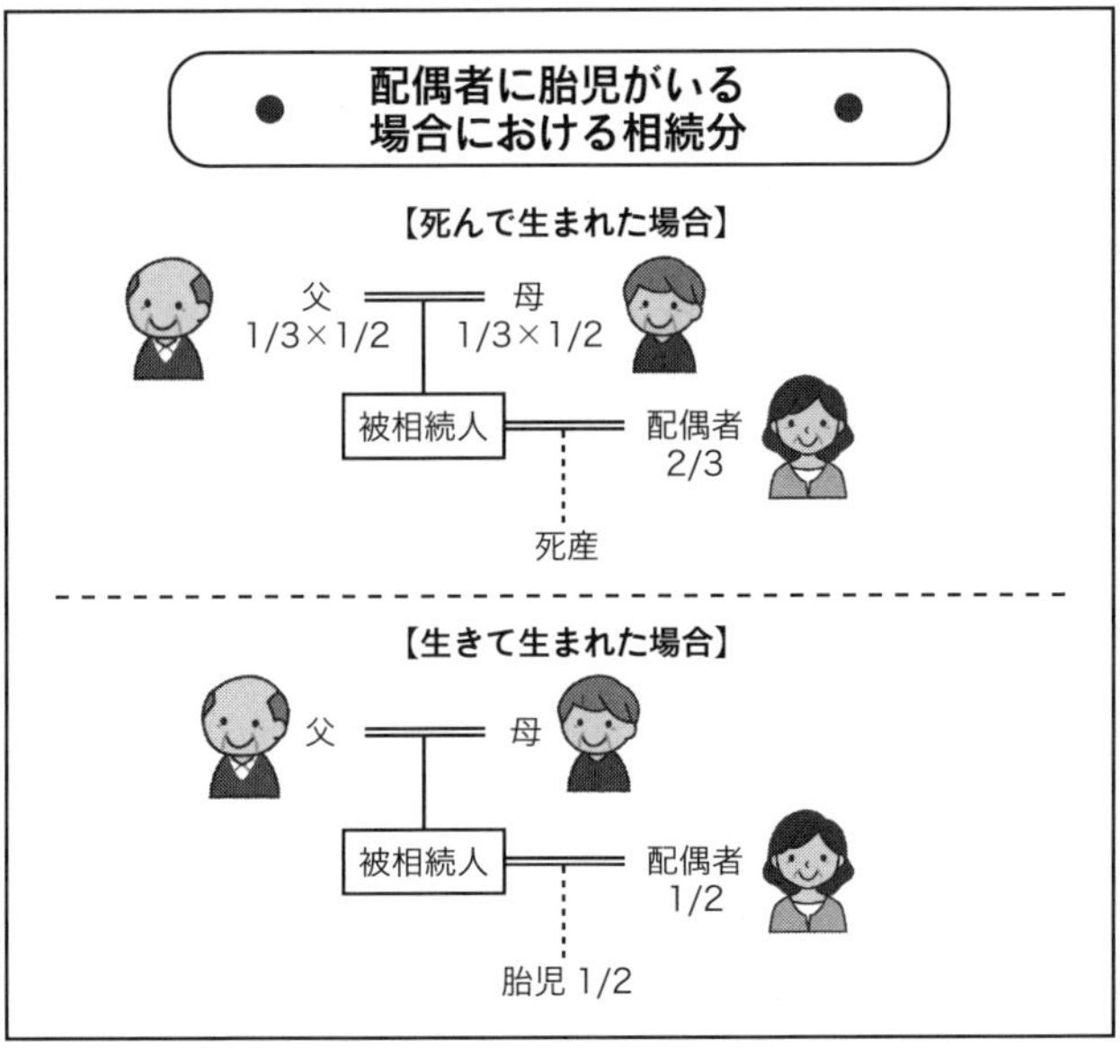

生まれてからすぐに亡くなった場合であっても、相続人としての権利は認められますので、胎児の父親から子供（胎児）が相続した二分の一の権利は、母親が全部相続することになります。結果的には、妻が夫の遺産すべてを相続することになります。

②の段階では、出生した胎児は父親の代襲として、祖父の相続人になることができます。

しかし、生きて生まれてこなかった場合は、父親の父親（祖父）の財産は父親の妻（胎児の母）が相続することはできません。

11 故人の事業を手伝った相続人には寄与分が追加されます

同じ「法定相続人」といっても、故人（被相続人）と同居して一緒に商店経営や農業に従事し、財産づくりに貢献してきた人もいれば、故人と疎遠となり、何も手伝わなかった人もいます。

このような場合でも、法定相続分に従って相続財産を均等に分配しようとすると、公平を損なうことになりかねません。

このような欠陥を是正する方策として、「寄与分制度」があります。

寄与分制度とは、相続人のなかに、亡くなった人（被相続人）の財産の維持・形成に特別の寄与・貢献した人がいる場合、不公平が生じないように、貢献の程度に応じて法定相続分以上の財産を取得させようというものです。つまり、財産を築くのに功績のあった人は、たくさん相続できるという遺産分割制度です。

寄与分として民法が認めるものは、次のような行為が示されています。

① 被相続人が経営していた事業に対する労務の提供

② 被相続人が経営していた事業に対する財産の給付

③ 被相続人の療養看護

④ その他、被相続人の財産の維持・増加を導く特別な寄与

なお、親子間・兄弟間における扶養義務、夫婦間における協力・扶助の義務などは「通常の寄与」ですので、「寄与分」（「特別な寄与」）としては認められていません。

「通常の寄与」と「特別な寄与」（「寄与分」）について明確な判定基準はありませんので、自分では「特別な寄与」にあたる

寄与分が認められた場合における相続財産額の計算例

相続人　：配偶者、長男、長女
遺産総額：２億円
寄与分　：配偶者 4,000 万円、長女 2,000 万円

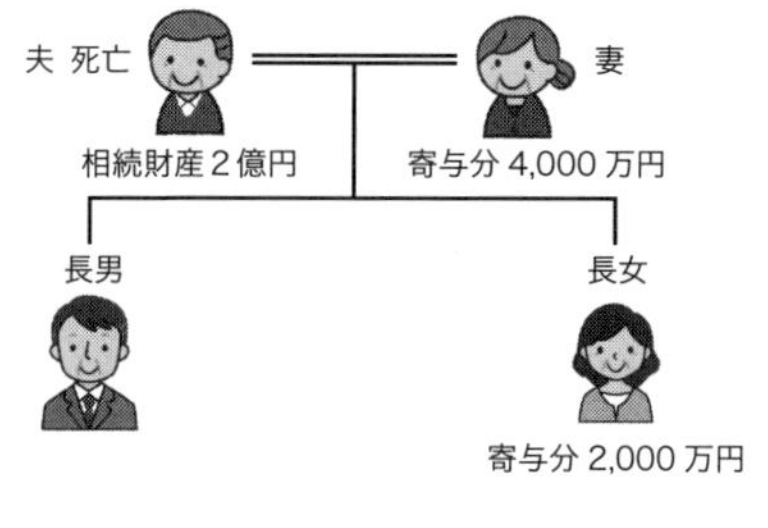

相続額の計算：

① 相続財産の額

遺産総額		寄与分		相続財産の額
２億円	−	（4,000 万円＋ 2,000 万円）	＝	１億 4,000 万円

② 各人の相続分

相続財産の額 １億 4,000 万円

	法定相続分		寄与分		相続額
妻	× 1/2	＋	4,000 万円	＝	１億 1,000 万円
長男	× 1/4			＝	3,500 万円
長女	× 1/4	＋	2,000 万円	＝	5,500 万円

と思っていても、周囲からは認めてもらえず、遺産分割が紛糾することもあります。

たとえば、「療養看護」といっても、入院する夫を妻が看病した場合は「通常の寄与」となり、病気の父親のために子供が仕事を退職して看護や身の回りの世話をしていたような場合は「特別な寄与」と考えられているようです。

寄与分（「特別な寄与」）は、寄与の時期・方法・程度、相続財産の額その他一切の事情を考慮して定められています。

原則として、相続人間の話し合いによって寄与分の金額を決めることになっていますが、「遺産分割協議」が決裂した場合には、家庭裁判所の裁量に委ねることになります。

寄与分が確定すると、相続財産の中から寄与分の財産を控除した残額が相続人間で分割されますので、「寄与者」の相続分は、分割した財産の額に寄与分の額を加算することになります。

12 故人の生前に特別に取得した営業資金は相続財産とみなされます

本来であれば「相続財産」に属したであろう遺産が、親（被相続人）の生前に兄弟姉妹の誰かに贈与されていたような場合、贈与されていない兄弟姉妹との間で公平が保てなくなります。

たとえば、父親が長男の開業のために多額の資金を出し、次男の結婚の際には新築マンションを購入したが、長女は結婚もせずに父親と同居・看病しているような場合、父親の遺産を法定相続分どおりに三分の一ずつ分割するというのでは、長女の取り分はあまりに少なく、不公平です。

このような不公平を是正するために、**特別受益制度**が設けられています。

親（被相続人）の生前に取得した「特別受益」の部分（生前取得財産）は、相続財産の前渡しとみなされ、相続時の財産価額に加算され、「みなし相続財産」として算入されることになります。この措置を**特別受益の持戻し**といいます。

親（被相続人）から贈与または遺贈によって財産を特別に引き継ぐ人は、**特別受益者**と呼ばれています。

「特別受益者」に対する特別受益として、民法は次のような行為をあげています。

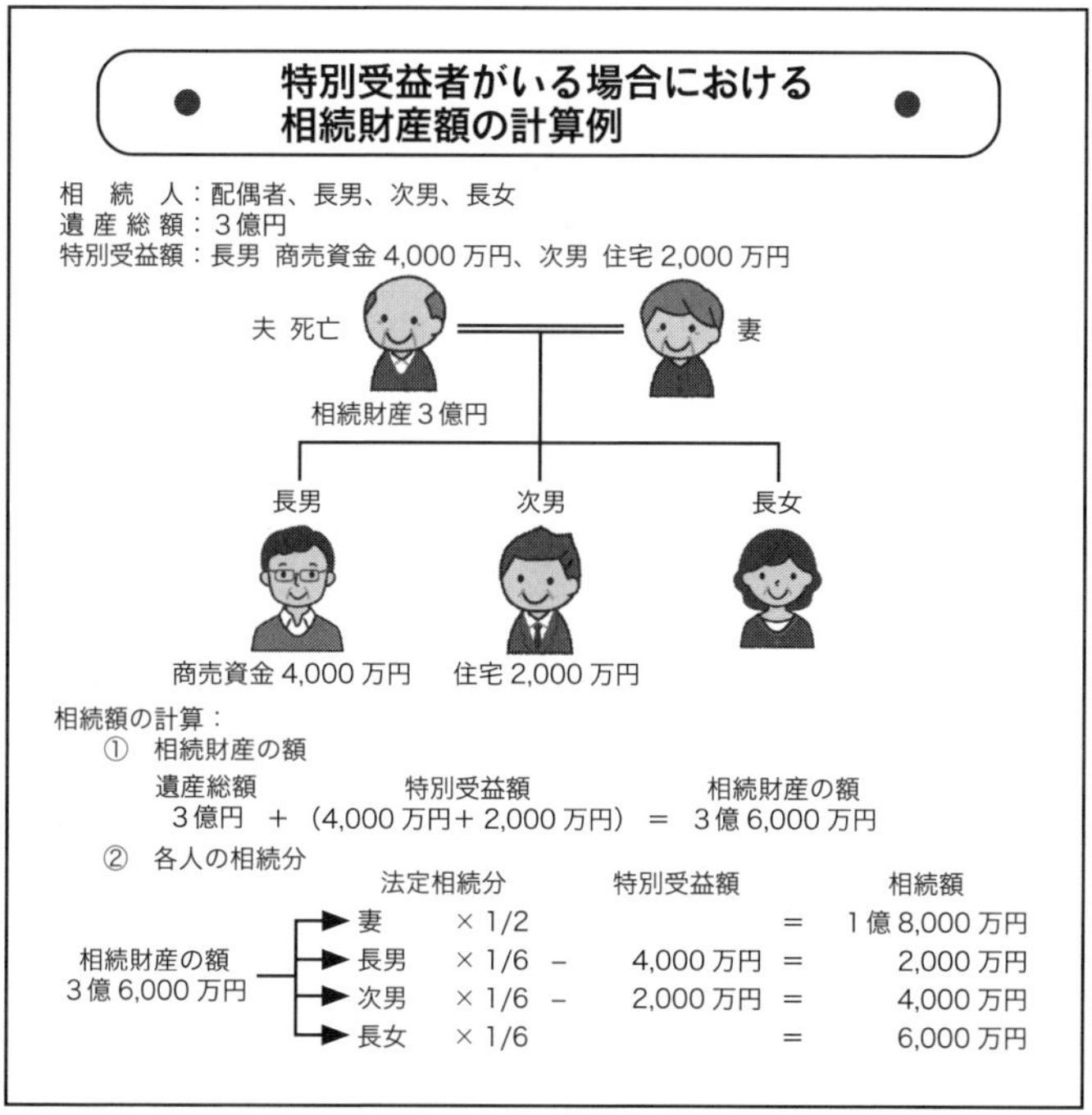

特別受益者がいる場合における
相続財産額の計算例
相　続　人：配偶者、長男、次男、長女
遺 産 総 額：３億円
特別受益額：長男 商売資金 4,000 万円、次男 住宅 2,000 万円
夫 死亡
妻
相続財産３億円
長男
次男
長女
商売資金 4,000 万円
住宅 2,000 万円
相続額の計算：
① 相続財産の額
遺産総額　特別受益額　相続財産の額
３億円 ＋ （4,000 万円＋ 2,000 万円） ＝ ３億 6,000 万円
② 各人の相続分
法定相続分　特別受益額　相続額
相続財産の額 ３億 6,000 万円
妻 × 1/2 ＝ １億 8,000 万円
長男 × 1/6 － 4,000 万円 ＝ 2,000 万円
次男 × 1/6 － 2,000 万円 ＝ 4,000 万円
長女 × 1/6 ＝ 6,000 万円

① 遺贈による財産の引渡し
② 婚姻や養子縁組のための贈与（持参金、支度金など）
③ 生計の資本としての贈与（住宅、営業資金など）

生活扶助的扶養、生活保持的扶養、医療扶養、高校までの学資などは、「特別受益」には該当しません。

また、生命保険金は、被相続人の財産ではありませんので、原則として「特別受益」には該当しないこととなります。

13 障害者の息子の生前取得財産は相続財産から除外できます

生まれつきの障害者の息子に対して親（被相続人）は多くの財産を遺したいと考え、親の生前にその息子には財産をあらかじめ贈与することもあります。

このような場合にまで、この息子を「特別受益者」としてしまうのは親の意思に反することになります。

たとえ「特別受益」に該当する場合であっても、親（被相続人）が「特別受益の持戻し」を計算しない取扱いを意思表示したときは、その意思が認められます。この措置を**特別受益の持戻しの免除**といいます。

なお、「特別受益の持戻しの免除」を意思表示する場合、一般の意思表示と同様に、特別の方式を必要とせず、明示的な意思表示でも黙示の意思表示でもよいとされています。

ただし、「遺留分」（後述します）を侵害してまでも、「特別受益の持戻しの免除」の意思表示を行うことは容認されていません。

14 親不孝者は相続人から廃除できます

親不孝者は、相続権を失うこともあります。

最近のテレビや新聞では、子供が親を殺害したり、家庭内暴力で両親に虐待を繰り返していたという報道がされています。悲しい世の中になったものです。

「息子がひどい虐待を行うので、息子には一切の財産も相続させない」と考える親もいるはずです。

このような親は、家庭裁判所に請求することによって、子供の法律上の相続権を失わせることができます。これを**相続人の廃除**といい、次のような原因により認められています。

① 被相続人に対し虐待を行った。
② 被相続人に対し重大な侮辱を行った。

③　被相続人に著しい非行があった。

「著しい非行」の判断は難しいのですが、凶悪な事件を犯して有罪判決を受けた場合や、ギャンブルなどを繰り返し、ギャンブル依存症に罹り、再三にわたって親のお金を無断で持ち出し、最後には多額の借金をつくり、これを親が返済した場合などが該当するでしょう。

ただ単に親の介護を行わない、家に寄り付かない、ギャンブルが大好きといった程度では、「著しい非行」には該当しないかもしれません。

被相続人（たとえば、親）が「相続人の廃除」を有効にするためには、被相続人の住所地を管轄する家庭裁判所に「推定相続人廃除申立て」を行わなければなりません。

「相続人の廃除」が被相続人により申し立てられた場合には、家庭裁判所は「相続廃除の調停」または「相続廃除の審判」によって慎重な審議を行います。

「相続廃除の調停」が成立し、または「相続廃除の審判」が確定した場合に、「相続廃除」の効果が生じます。したがって、廃除された法定相続人は、廃除した人（たとえば、父親）の相続権をなくすことになります。

ただし、父親の「相続権」を失ったとしても、母親には優しい子供であれば、母親は廃除する理由がありませんので、母親の相続人になれます。

相続廃除が確定した後に、「相続廃除」を取り消したい場合には、いつでも家庭裁判所に対して「相続廃除の取消し」を請求できます。

なお、「相続人の廃除」は、その廃除原因行為者に限定されていますので、その行為者に子供や孫がいれば、その子供・孫は「代襲相続人」になれます。

15 遺言によっても親不孝者を相続から廃除できます

被相続人は、生前において家庭裁判所に「相続廃除」を申し立てることができますが、「遺言」によって相続廃除の手続きを行うこともできます。

「遺言」による廃除手続きを行う場合には、遺言の効力発生後に「遺言執行者」がただちに家庭裁判所に「相続人の廃除」を請求しなければなりません。その請求により、「相続廃除の効力」は死亡時に遡って生じます。

「相続廃除の遺言」が残されたとき、あるいは「相続人の廃除」または「廃除取消しの請求」があっても審判が確定していない時期に相続が発生したとき（廃除確定前の相続開始時）には、家庭裁判所は、親族、利害関係人または検察官の請求によって遺産の管理につき必要な処分を命ずることができます。

16 後妻を殺害した息子は相続人の資格を失います

法定相続人であっても、相続に関して悪行・不良行為を犯した場合、相続のために故意に不当な利益目的で悪事を働いた者は、相続人としての資格を失うことがあります。これを**相続欠格**といいます。

たとえば、父親の再婚により自分の法定相続分が半分に減ると考えた子供が、殺人教唆により後妻を殺害し、刑に服した場合には、その子供の相続権は剥奪《はくだつ》されます。

「相続欠格事由」としては、具体的に次のような行為が列挙されます。

① 被相続人または相続の優先順位・同順位にある人を故意に死亡させたり、死亡させようとして刑に処せられた。

② 被相続人が殺害されたことを知りながら、これを告発または告訴しなかった（ただし、その人に是非の弁別能力がない場合、または殺害者が自分の配偶者や直系血族であった場合には、欠格事由にはなりません）。

③ 詐欺または脅迫により被相続人が遺言し、この遺言の取消しや変更を妨害した。

④ 詐欺または脅迫により被相続人に遺言させ、この遺言の取消しや変更を行わせた。

⑤ 被相続人（遺言者）の遺言書の偽造、変造、破棄または隠匿を行った。

前記の「相続欠格事由」に該当した場合には、裁判などの手続きは不要であり、ただちに相続人の地位を失います。

「相続欠格」は、「相続廃除」と同様に、その欠格原因行為者に限定されていますので、他の相続に対しては相続人になることが認められます。

たとえば、父親の相続に関して長男が相続財産を多く分割しようと、遺言書を偽造したために相続欠格者となった場合でも、母親の相続に関しては相続人になれます。

また、その欠格原因行為者に子供や孫がいれば、その子供・孫は「代襲相続人」になれます。

前記の例における子供が後妻を殺害して刑事罰に処せられ、相続権を失ったとしても、子供の子供（孫）はそのまま子供（親）の相続権を引き継げることになっています。

第三章　相続財産の遺産分割

1 相続人はどのように遺産分割を行うのですか？

故人から遺された財産を相続するに際して、遺言があれば、「遺言の具体的内容」に基づいて相続財産を分割することができます。

しかし、遺言がない場合には、誰が何をどれだけ相続するのかについて相続人間で話し合い、遺産分割を決める必要があります。この話し合いを**遺産分割協議**といいます。

「遺産分割協議」に基づいて、遺産のすべてについて分割が確定した状態を**全部分割**、遺産の一部しか決まらなかった状態を**一部分割**といいます。早期の「全部分割」が理想的ですが、現実的には、「一部分割」の状態で平行線になってしまう話し合いもよくあることです。

たとえば、長男と次男の両方の自宅が父親の名義であれば、それぞれが住んでいる自宅の土地建物を相続させることに問題はありませんが、そのほかに定期預金、有価証券、土地建物、ゴルフ会員権、アパートなどがあると、それらの遺産分割については、なかなか話がまとまらない場合もあります。

このような場合には、まず、一部の遺産、たとえば自宅の土地建物の相続だけを確定してしまう分割方法が「一部分割」です。

「遺産分割協議」では、相続財産をそのままの具体的な形でどれだけ誰が相続するのかを話し合います。

一般的には、長男が土地建物、長女が定期預金、次男が有価証券というように、被相続人が生前に所有していた財産をそのままの姿で直接に引き継ぐ形態をとります。

このように、各相続人が被相続人の相続財産をそのままの形で受け継ぐことを**現物分割**といいます。

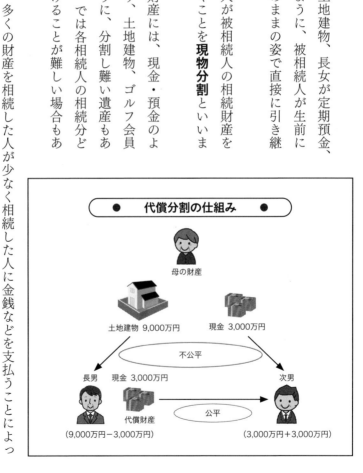

しかしながら、相続財産には、現金・預金のような金融資産とは異なり、土地建物、ゴルフ会員権などの固定資産のように、分割し難い遺産もありますので、「現物分割」では各相続人の相続分どおりにバランスよく分けることが難しい場合もあります。

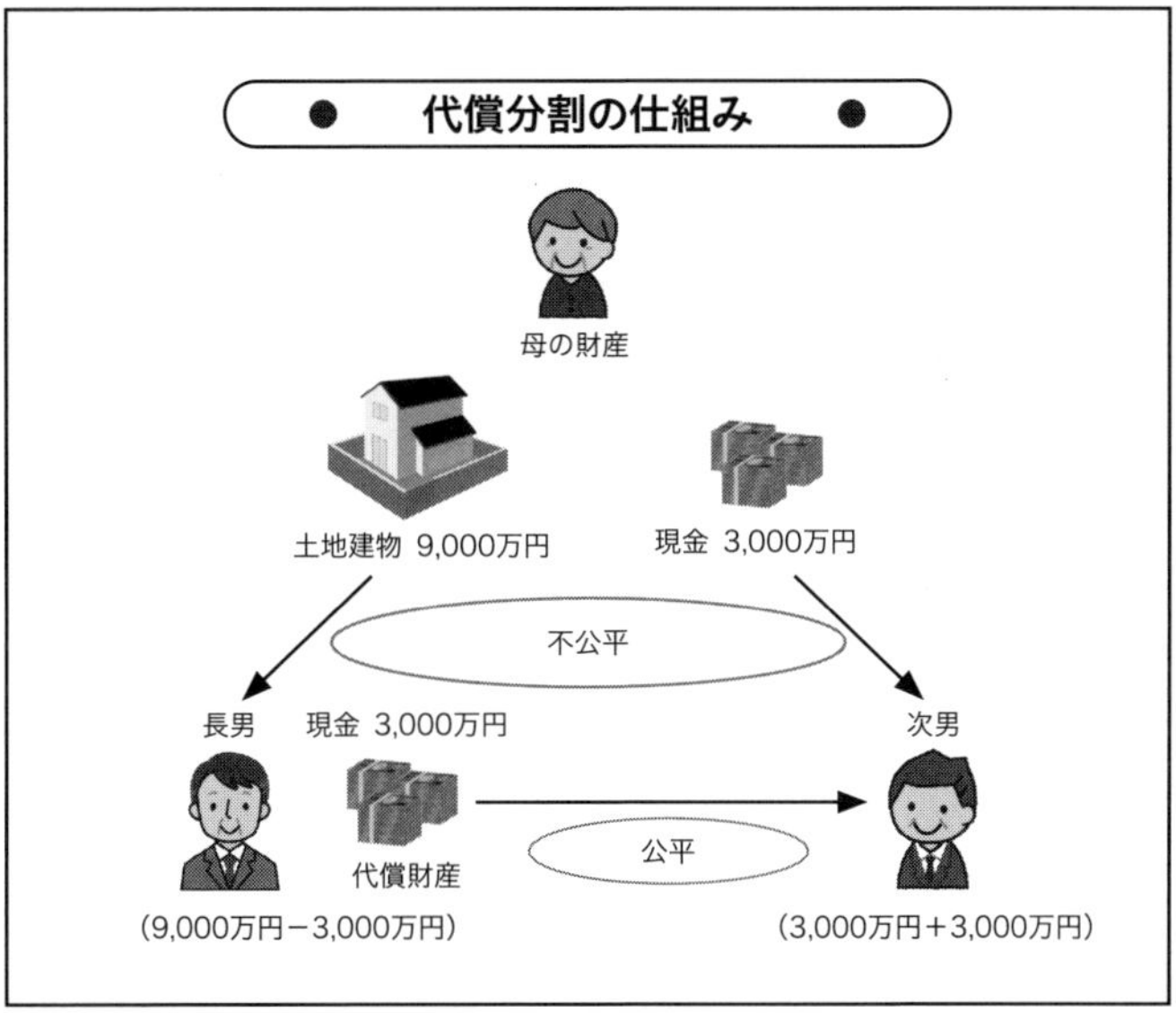

そのような場合には、多くの財産を相続した人が少なく相続した人に金銭などを支払うことによって差額分を調整することがあります。この方法を**代償分割**といいます。

たとえば、母親が九、〇〇〇万円の土地建物と三、〇〇〇万円の現金・預金を遺して亡くなり、長男が土地建物、次男が現金・預金を相続した場合、長男は自己所有の株式・現金などの財産のうち三、〇〇〇万円相当を「代償財産」として次男に支払う遺産分割です。

2 民法改正により婚姻期間二〇年以上の夫婦の自宅は遺産分割の対象外に！

生前に夫（または妻）が妻（または夫）に財産を贈与すると、「贈与税」が課税されます。

したがって、配偶者が生前に自宅を贈与した場合には、贈与税を課税され、さらに相続時には、贈与された自宅も含めて遺産分割の取り分を決めることになっていました。これを**特別受益の持ち戻し**といいます。

自宅は、ほとんどの場合、夫婦で築き上げた財産ですので、長年連れ添った夫婦間での贈与について、そのまま贈与税をかけるのはあまりにも酷です。

相続税法によれば、結婚して二〇年以上経つ夫婦が居住用不動産（居住の用に供する家屋または敷地）を相手に贈与した場合等には、二、〇〇〇万円までは贈与税が課税されない措置が講じられています。

つまり、次のような場合に「贈与税の配偶者控除」が認められています。

① 居住用不動産の取得日の属する年の翌年三月一五日までに、居住用不動産をその取得者の居住

のために使用し、かつ、その後も引き続き居住用に使う見込みである場合

② 取得した金銭をもって、その取得日の属する年の翌年三月一五日までに居住用不動産を取得し、その取得者の居住用に使用し、かつ、その後も引き続き居住のために使う見込みである場合

その場合、婚姻期間が二〇年以上であるかどうかの期間計算は、婚姻の届出があった日から贈与時の現況により判定されます。

しかし、相続の際にこの居住用不動産が特別受益としての取扱いを受けることになると、配偶者が長年住み慣れていた自宅に居住できなくなるケースも出てまいりました。

そこで、平成三〇年七月六日に「民法及び家事事件手続法の一部を改正する法律」が成立（一三日に公布）し、民法第五編の「相続」に関する規定が改正されました。

新規に「配偶者の居住の権利」が設けられるとともに、従来の遺産分割制度も改正されています。

平成三〇年の民法改正によって、婚姻期間二〇年以上夫婦の一方である被相続人が、他方配偶者に対し居住用不動産の贈与または遺贈を行った場合、被相続人の意思としては相続開始時に「特別受益」として取り扱わないことを表示したものと推定されることになりました。

したがって、「婚姻期間二〇年以上の夫婦の自宅」は、遺産分割の対象から除外されることになりました。この制度は、令和元年七月一日から施行されています。

この特例措置では、たとえば夫が妻に自宅を生前に贈与していた場合、夫が亡くなったときにはその贈与はなかったものと考え、遺産分割の取り分を決めることになります。

つまり、相続財産の取り分を決める際に、贈与した自宅は相続財産（特別受益の持ち戻し）の対象としなくてもよいことになりました。

たとえば、婚姻期間が二〇年以上である夫婦間で二、〇〇〇万円の自宅を生前に夫が妻に贈与しており、夫が亡くなったときの相続財産が二、〇〇〇万円の自宅と四、〇〇〇万円の預貯金であった場合には、婚姻期間二〇年以上の夫婦の自宅二、〇〇〇万円は遺産分割の対象から除外されますので、四、〇〇〇万円の預貯金を子供と二分の一ずつ分けることになります。

従来では、相続財産六、〇〇〇万円を子供と二分の一ずつ分割することになっていましたので、妻は二、〇〇〇万円の自宅と一、〇〇〇万円の預貯金（または預貯金三、〇〇〇万円）を相続しておりました。

平成三〇年の相続法の改正により、妻は二、〇〇〇万円の自宅と二、〇〇〇万円の預貯金を相続できるようになり、妻の取り分が多くなるとともに、自宅に住み続けることができるようになりました。

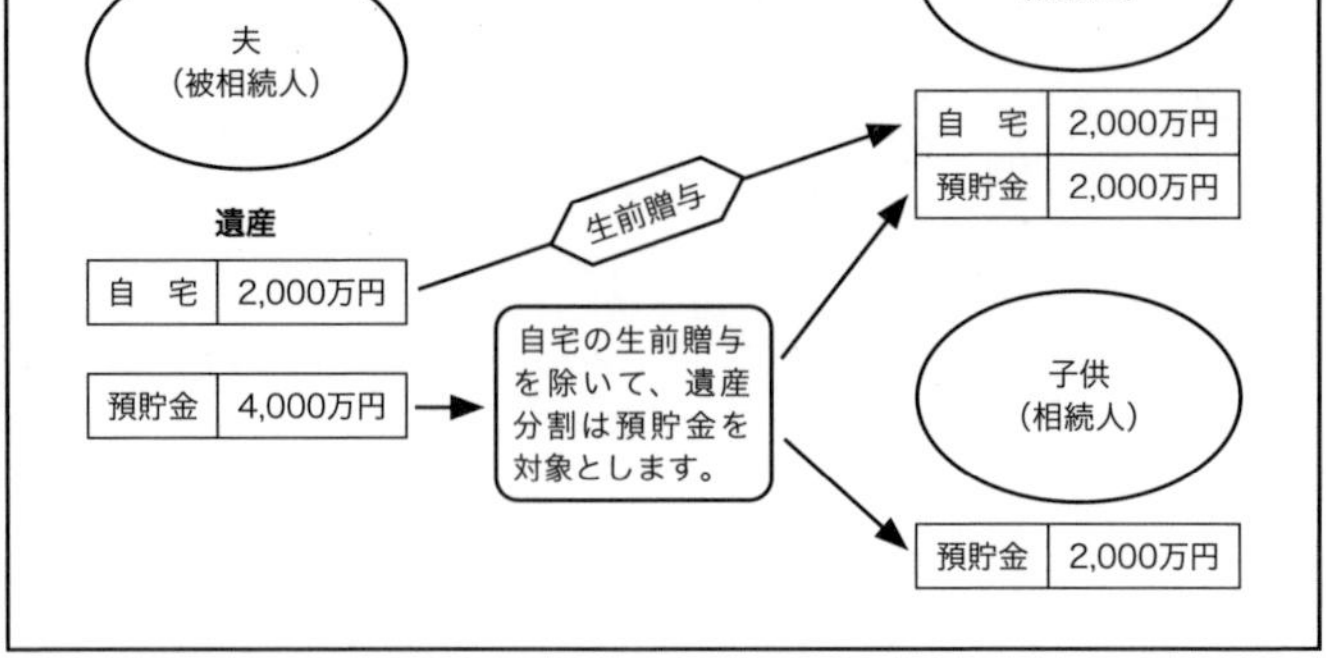

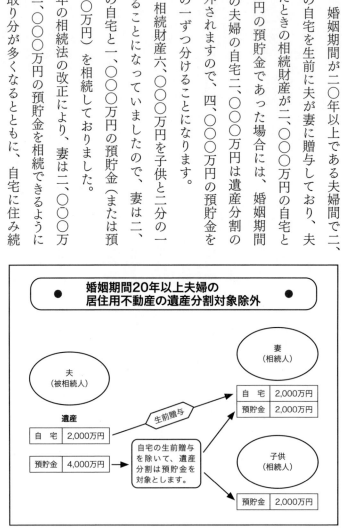

3 民法改正により配偶者の居住権が設けられました

遺産分割により配偶者が高額な自宅を相続した場合、その他の相続人が預貯金等を相続し、配偶者には僅かな預貯金しか残らず、配偶者が余生の生活に困るケース、自宅を売却処分するケースなどが起こっていました。

そこで、平成三〇年の民法改正によって、残された配偶者が生活の基盤である自宅に優先的に住み続けることができる**配偶者居住権**が新設されています。

つまり、自宅の価値を「所有権」と「配偶者居住権」に分けて、配偶者は優先的に「配偶者居住権」を相続できるようになりました。この制度は、令和二年四月一日から施行されています。

たとえば、相続人が妻と長男であり、夫が残した遺産が三、〇〇〇万円の自宅と四、〇〇〇万円の預貯金であった場合、妻が自宅を相続すれば、預貯金を五〇〇万円しか相続できませんので、余生の生活費が不十分であるという問題が生じていました。

そこで、自宅の相続について、自宅の所有権と自宅を使う権利（居住権）に分け、自宅に住める居住権を配偶者に優先的に認める「配偶者居住権制度」が創設されたのです。

したがって、自宅の三、〇〇〇万円の価値が一、五〇〇万円の所有権と一、五〇〇万円の配偶者居住権とに分けられた場合、長男が所有権の一、五〇〇万円を、妻が居住権の一、五〇〇万円をそれぞれ相続することになります。
四、〇〇〇万円の預貯金のうち、妻は二、〇〇〇万円を相続することができますので、妻（配偶者）は夫の死後も長期間にわたり安定的な生活を継続できるようになります。
「配偶者居住権」は、次の要件を満たすことにより成立します

① 相続開始時において被相続人の財産に属する建物（以下「居住建物」といいます）に配偶者が居住していたこと

② その建物について配偶者に配偶者居住権を取得させる旨の遺産分割、遺贈または死因贈与が行われていたこと

ただし、「配偶者居住権」は、配偶者の居住権を保護するために認められた一身専属権ですの

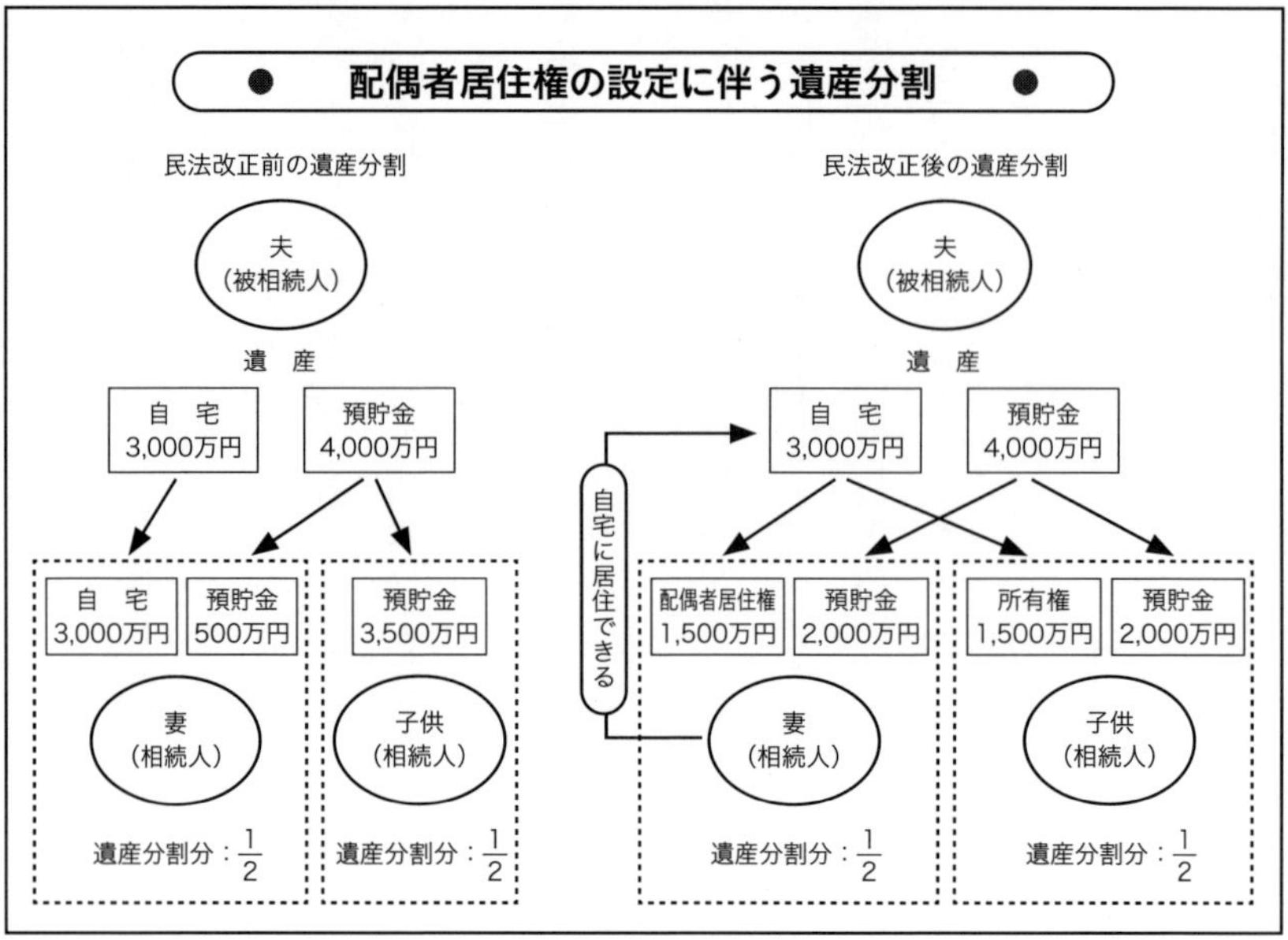

で、「配偶者居住権」の帰属主体は配偶者に限定され、配偶者はこれを譲渡することはできません。

また、配偶者が配偶者居住権を第三者に対抗するためには、配偶者居住権の設定の登記を行う必要があります。その際には、居住建物の所有者（長男）は、配偶者に対して配偶者居住権の設定の登記を共同して申請させる義務を負います。

なお、配偶者居住権は、次のような事象によって消滅します。
① 遺産分割協議等で定められていた存続期間の満了
② 配偶者が用法遵守義務《ようほうじゅんしゅぎむ》・善管注意義務《ぜんかんちゅういぎむ》に違反した場合、居住建物の所有者による消滅請求
③ 配偶者の死亡
④ 居住建物の全部滅失等

4 配偶者は居住建物を相続後六か月間は無償で居住できます

配偶者が被相続人所有の建物に居住していたところ、被相続人の死亡により居住建物を無償で使用する法的根拠を失い、直ちに居住建物を退去しなければならないとすると、とりわけ高齢者である場合には、精神的・肉体的な負担が大きくなると考えられます。

被相続人が配偶者の無償居住を認める遺言を残していなかった場合、居住建物の配偶者居住権は短

期的にも保護されません。

そこで、平成三〇年の民法改正によって、配偶者の短期的な居住権を保護するために、従前の居住建物に引き続き無償で居住できる「配偶者短期居住権」が新設されました。

「配偶者短期居住権」の存続期間は、次の場合によってそれぞれ異なる期間が設けられています。

① 居住建物について配偶者を含む共同相続人間で遺産分割をすべき場合……遺産分割により居住建物の帰属が確定した日または相続開始時から六か月を経過する日のいずれか遅い日

② 前記①以外の場合（遺贈や相続させる遺言により居住建物の所有権を得た者がいた場合、配偶者が相続放棄した場合など）……居住建物取得者が配偶者短期居住権の消滅を申し入れた日から六か月を経過する日

なお、配偶者が相続開始時に居住建物の「配偶者居住権」を取得した場合は、「配偶者短期居住権」は消滅します。

5 相続人に未成年者がいる場合の遺産分割協議とは？

二〇歳未満の未成年者は、自分自身では法律行為をすることができません。未成年者が法律行為を行う場合には、原則として、法定代理人が代理をするか、あるいは法定代理人の同意が必要とされて

います。

「遺産分割協議」を行う場合にも、相続人が未成年者であるときは、法定代理人の代理もしくは同意が必要になります。

一般的には、親権者が「法定代理人」になりますが、「相続」に関しては、未成年者と親権者の利害が対立するような場合には、親権者は法定代理人になれないことになっています。

たとえば、未成年者である子供の父親が亡くなったとき、相続人は子供と母親（被相続人の配偶者）になります。

その際に、母親が子供の法定代理人になってしまうと、母親は何でも自分の都合で財産の分け方を決めることができてしまい、子供が不利益を被ることも考えられるからです。

このように、子供と親権者の間でお互いの利益が相反する「利益相反行為」であった場合に

特別代理人の選任申立手続き

申立人	親権者、利害関係人（父母が共同で親権を行う場合にも、利益相反関係にある親権者だけの申立てができます）
申立先	子供の住所地の家庭裁判所
必要書類	親権者の戸籍謄本（全部事項証明書） 子供の戸籍謄本（全部事項証明書） 特別代理人候補者の戸籍附票または住民票 遺産分割協議書案など、利益相反に関する資料 ＊利害関係人からの申立ての場合には、戸籍謄本（全部事項証明書）など、利害関係を証する資料 ＊同じ書類のときは１通でよい。 ＊申立前に入手不可能な戸籍などがあるときは、申立後の追加提出でもよい。 ＊審理のために、追加書類の提出を要求されることもあります。
手数料	子供１人あたり収入印紙 800 円 連絡用郵便切手（申立てをする家庭裁判所へ確認します）

は、家庭裁判所に**特別代理人**の選任を申し立てることになります。

つまり、母親（被相続人の配偶者）は子供の特別代理人の選任を申し立て、その母親と特別代理人の二人で「遺産分割協議」を行うことになります。

なお、未成年の子供が二人いるような場合には、それぞれの子供に特別代理人を立てて、母親（被相続人の配偶者）と特別代理人二人の合計三人で遺産分割協議が行われます。

「特別代理人」には、特に資格は必要ありませんが、通常、未成年者との関係や利害関係の有無などを考慮して、叔父・叔母などの親族、ときには弁護士などが選任されます。

未成年の子供がいるのに、「特別代理人」を選任しないで「遺産分割協議」をしてしまうと、その子が成人した後に、遺産分割協議の内容を認めない限り、無効となります。

親が勝手に決めた遺産分割は、原則として、無効です。

6 認知症の相続人は遺産分割協議に参加できますか？

相続人の中には、「認知症」になっている方もいらっしゃいます。

認知症であっても「相続人」であることに変わりはありません。つまり、認知症の相続人を除外して「遺産分割協議」を行っても、その協議結果は認められません。

しかし、認知症といっても、その症状はさまざまです。物忘れがひどくなった人もいれば、夜に徘徊して自宅に戻れない人もいます。病状によっては、病院や認知症専門施設に入院・入所している人もいます。

「遺産分割協議」に際しては、その相続人に意思能力があるか否かということが重要になってきます。認知症といわれている相続人であっても、しっかりとした意思能力がある場合とそうでない場合には、次のように異なる対応になります。

① 認知症であっても、意思能力がある場合……相続人自らが遺産分割協議に参加します。

② 認知症であり、かつ、意思能力がない場合……「成年後見制度」を利用し、後見人等が遺産分割協議を手伝います。

意思能力のない相続人は、遺産分割協議の内容を理解できないまま、不利益となるような遺産分割を承諾してしまう可能性もあります。

そのために、認知症であり、かつ、意思能力のない相続人に対しては、成年後見制度が利用されています。成年後見制度は、わが国の急速な高齢化、国民の権利意識の成熟化などに伴い、平成一二年四月一日に創設されました。

認知症であり、かつ、意思能力がない相続人が遺産分割を行う場合、①その相続人が事理を弁識する能力を欠くときには「成年後見人」、②事理を弁識する能力が著しく不十分であるときには「保佐人」、③事理を弁識する能力が不十分であるときには「補助人」を選任することになります。

「成年後見人」は、相続人本人の代理人として遺産分割協議に参加しますが、保佐人・補助人が遺産分割協議に参加している場合には、相続人本人も遺産分割協議には参加するものの、保佐人・補助人から遺産分割の内容について同意を取り付ける必要があります。

7 遺産分割が失敗した場合は遺産分割調停で解決を！

相続人全員の合意によって、**遺産分割協議**は成立します。

一人でも合意しない相続人がいて、遺産分割協議が失敗した場合には、一般に「遺産分割の調停」によって遺産分割が図られます。

遺産分割調停は、相続人・相続分の譲受人・包括受遺者が家庭裁判所に対して**遺産分割調停申立書**（被相続人一人につき収入印紙一、二〇〇円分が必要です）を提出し、申し立てることによって行います。

この申立ては、申立人以外の相続人全員を相手にしなければなりません。その場合には、相手方の住所地を管轄する家庭裁判所に対して行います。

複数の相手方がいる場合には、そのうちの一人または当事者間で決めた地の家庭裁判所に申し立てることになります。

第一回目の調停は、申立ての後、約一か月後に行われます。

なお、「遺産分割調停申立書」に添付しなければならない書類としては、次のようなものがありますが、入手するのには手間がかかります。

① 被相続人の出生時から死亡時までのすべての戸籍謄本
② 相続人全員の戸籍謄本
③ 相続人の子（およびその代襲者）がすでに死亡している場合には、その子（およびその代襲者）の出生時から死亡時までのすべての戸籍謄本
④ 相続人全員の戸籍附票または住民票
⑤ 遺産に関する証明書（預貯金通帳の写し、不動産登記簿謄本、有価証券写しなど）

申し立てる前に準備できない書類は、申立後に追加的に提出することもできます。審理のためには、追加書類の提出が求められることもあります。

「遺産分割調停」では、家庭裁判所の**家事審判官**（裁判官）一名と**家事調停委員**二名が、各相続人の意見や主張を聞き、相続人の合意のために解決案を示します。

「遺産分割調停」は、話し合いであり、裁判ではありませんので、審判官・調停委員から解決案が出されたとしても、それは強制力を持つものではありません。あくまでも、相続人全員が合意しなければ、遺産分割調停は成立しないことになります。

調停により相続人全員が遺産分割に合意したときは、その合意内容が**遺産分割調停調書**に記載され、

その調停は終了することになります。

8 遺産分割調停が不成立となった場合には遺産分割審判で解決を！

遺産分割の話し合いを何度も行ったが、「遺産分割調停」が成立しない場合には、**調停不成立**として調停は終了します。

遺産分割が「調停不成立」になると、審判手続きに移ります。

遺産分割審判とは、家庭裁判所の家事審判官が、被相続人の状況・財産の種類や内容、各相続人の年齢・職業・心身の状態や生活の状況、その他一切の事情を総合的に検討して、審判を下すことです。

相続人は、審判の内容に異議や不服がある場合には、二週間以内に不服（「即時抗告」といいます）を申し立てることによって、上級審の高等裁判所に審理してもらうことができます。

不服の申立てを行わない場合、あるいは高等裁判所で不服申立てが認められなかった場合には、**遺産分割審判**は確定します。その際には、各相続人はその審判内容に従わなければなりません。

9 遺産分割協議のやり直しはできますか？

いったん成立した**遺産分割協議**であっても、その後に相続人間で事情に変化があったような場合には、相続人全員がその遺産分割協議の一部または全部を合意により解除することによって、遺産分割協議のやり直し（**合意解除**と**新たな遺産分割協議**）が認められています。

たとえば、不動産について、相続による所有権移転の変更登記を行ってしまった後であっても、間違いということでその抹消登記を行い、新たな「遺産分割協議書」により、別の相続人の名義に登記することもできます。

ただし、債務不履行（遺産分割の際の約束が守られなかったこと）を理由にした解除の請求は、認められません。

民法で遺産分割のやり直しが認められているからといって、税務上では、遺産分割のやり直しは「単にやり直しという形式を利用した贈与・譲渡・交換である」という考え方を採っていますので、思いがけない税金が課されることもあります。

たとえば、合意解除によって遺産分割に変化があれば、ある相続者にとっては贈与税や相続税が追加的に課税される場合もあります。

ただし、「相続人の一人が遺産分割協議に参加していなかった」など、はじめの遺産分割協議が法律上無効であった場合のやり直しは、「やり直し」といっても、そもそも遺産分割協議そのものが成立していないことになります。

このような場合には、税務上でも、有効に行われた遺産分割協議を当初の遺産分割と考えます。

10 遺言書の内容と異なる遺産分割でも認められることがあります

故人（被相続人）は遺言書を残していたが、法定相続人全員がその遺言書の内容どおりの遺産分割を希望しないこともあります。

遺言書と異なる遺産分割は、遺言者の最終意思を無視するようにも思われます。

ところが、判例では、次のように判示されています（さいたま地方裁判所平成一四年二月七日判決）。

「遺言者の通常の意思は、紛争を避けることであるので、相続人間で円満に分割協議されたものであれば、直ちに被相続人の意思に反しているとはいえない。被相続人が、遺言でその内容と異なる遺産分割をすることを禁じているなどの事情がなく、相続人全員の意思が一致するのであれば、遺産を承継する相続人間の意思を尊重することが妥当である。」

したがって、遺言者が「遺言書と異なる遺産分割」を禁じている場合を除き、相続人全員が合意すれば、遺言書の内容と異なった遺産分割を行ったとしても問題はないと考えられます。

しかし、遺言執行者がいる場合には、相続人全員が「遺言書の内容と異なる遺産分割」を希望したとしても、遺言執行者は遺言書の内容どおりに遺産分割することができます。相続人全員の意思に反していたとしても、その遺言執行が本来の職務内容であれば、任務違反とはなりません。

逆に、遺言執行者が相続人の意思を尊重し、「遺言書の内容とは異なる遺産分割」に同意した場合は、遺言執行者の任務違反の問題が生じてくることになります。

ただし、遺言執行者の任務違反の責任を追及するのは相続人であり、「遺言書とは異なる遺産分割」を希望したのも同じ相続人であるので、その相続人が遺言執行者の任務違反を追及することは、信義則上から許されないものと解されます。

11　遺産分割協議の後に発見された遺言書は無効ですか？

故人（被相続人）が遺言書を作成していなかった場合、相続人全員で遺産分割協議を行い、相続財産を分けます。

一度成立した遺産分割協議も、相続人全員の合意解除があれば、遺産分割協議をやり直すことができます。

やっとの思いで遺産分割協議が成立し、ホッとしている頃に、「遺言書がタンスの引き出しから出てきた」という話も稀にあります。そのような場合、遺産分割協議を優先させるのか、遺言書を優先させるのかが問題となります。

「遺産分割協議で成立した内容」と「遺言書の内容」が全く同じであれば問題は生じませんが、現実的には全く同じなどということはほとんどありません。

遺産分割協議が成立した後に遺言書が発見された場合、遺言は法定相続分に優先しますので、遺産分割協議の結果は無効となってしまいます。

したがって、「遺産分割協議で成立した内容」から「遺言書の内容」に遺産分割のやり直しを行うことになります。

しかも、「遺言」には時効がありませんので、遺産分割協議が成立してから数年後に遺言書が出てきたような場合には、ある相続人から「遺言書の内容どおりに従いたい」と主張されれば、遺産分割協議は錯誤により無効になってしまいます。

ただし、相続人全員により遺言書が確認され、「当初の遺産分割協議の内容のままの分割とすること」が同意されれば、遺産分割のやり直しは行わず、遺言書の内容どおりの分割にやり直す必要はありません。

12 子供や配偶者の財産相続権を保証する遺留分とは何？

民法の規定によれば、財産を所有している人は、原則として、自分の財産を「遺言」によって自由に処分することができます。

しかし、「遺言」による自由処分を無制限に認めてしまいますと、「すべての財産を愛人に相続させる」といった「遺言書」が残されているかもしれません。

このような場合、残された配偶者や子供が全く財産を相続できなくなります。

そのような不条理な遺言から相続人の安定的生活を保護し、財産の公平な分配を図るために、法定相続人の一定の相続権を保証する「遺留分制度」が設けられています。

遺留分とは、相続人が自分の取り分として確保できる相続財産の一定部分のことです。遺留分の権利を要求できる相続人を**遺留分権利者**といいます。

「遺留分権利者」の範囲は、配偶者、直系尊属（父母など）、直系卑属（子、代襲の孫・曽孫など）までであり、遺留分は傍系血族（兄弟姉妹）には認められていません。

遺留分は、誰が相続人になるかによって異なります。相続人全体の遺留分割合は、次のように定められています。

① 直系尊属のみが相続人である場合……
被相続人の相続財産の三分の一
② その他配偶者または直系卑属の場合
……被相続人の相続財産の二分の一
「遺留分権利者」が複数いる場合には、それぞれの遺留分権利者の法定相続分の率を乗じます。

● 法定相続人と遺留分の割合 ●

相続人	法定相続分	相続人全体の遺留分割合	各相続人の遺留分割合 配偶者	各相続人の遺留分割合 血族相続人	
配偶者	1/2	1/2	1/2×1/2=1/4	子	1/2×1/2=1/4
子	1/2				
配偶者	全部	1/2	1/2	−	−
子	全部	1/2	−	子	1/2
配偶者	2/3	1/2	1/2×2/3=1/3	直系尊属	1/2×1/3=1/6
直系尊属	1/2				
直系尊属	全部	1/3	−	直系尊属	1/3
配偶者	3/4	1/2	1/2	兄弟姉妹	0
兄弟姉妹	1/4				
兄弟姉妹	全部	0	−	兄弟姉妹	0

(注) 同順位の相続人が複数いる場合には、各自按分します。

13 遺留分侵害額を請求できる期限は？

遺留分は、あくまでも相続人が主張できる取り分ですので、侵害された自分の取り分（遺留分）について、侵害した相手に返還を求めることができます。この権利を**遺留分侵害額請求権**といいます。形式的に正しい遺言書であっても、その内容が法定相続人の遺留分を侵害していれば、将来、法定相続人から「遺留分侵害額請求権」を行使され、被相続人が要望していた財産を相続させられない場合もあります。

そのような事態を避けたいならば、自分の財産と債務をしっかりと把握して、相続人の遺留分を算出したうえで、その金額を侵害しない遺言を残すべきでしょう。

なお、「遺留分侵害額請求権」は、相続の開始および減殺すべき贈与・遺贈があったことを知ったときから、一年を経過すると、時効によって消滅します。

また、相続開始後一〇年を経過すると、前記の認識にかかわらず、請求権は消滅してしまいます。

14 遺言者の生前に相続放棄や遺留分放棄ができますか？

遺言者の生前に、相続人は「相続放棄」や「遺留分の放棄」を行うことができるのでしょうか。

相続放棄は、「相続開始後」に一定の手続きを経て効力を生ずるものですので、「相続開始前」の生前に相続人との間で「相続放棄」を約束したとしても、効力は生じません。

ただし、「相続開始前」に**遺留分の放棄**を行うことはできます。そのためには、遺留分を請求できる相続人は、相続開始時までに、家庭裁判所に対して「遺留分の放棄」の許可を受ける必要があります。

家庭裁判所では、「遺留分の放棄」が自分の意思に基づくものであるのか、遺留分を放棄する理由には合理的妥当性があるのか、すでに贈与を受けているのかなど、いろいろな事情から判断して「遺留分の放棄」を許可することになります。

「遺留分の放棄」が許可されますと、その効力が発生しますので、相続開始時において「遺留分の侵害」があったとしても、遺留分放棄者には「遺留分侵害額請求権」は発生しないことになります。

また、相続人の一人が行った「遺留分の放棄」は、他の相続人の遺留分に影響を及ぼすことはありません。つまり、二人兄弟のうち一人が遺留分を放棄したとしても、あと一人の兄弟の遺留分が増えることにはなりません。

たとえば、相続人は配偶者と長男、次男の三人であり、次男が遺留分を放棄した場合、配偶者と長男の遺留分はそれぞれ四分の一と八分の一となります。

代襲相続人も、「遺留分侵害額請求権」を有しないものと考えられています。

たとえば、自分の父親が祖父の遺産の遺留分を放棄した後に祖父よりも早く他界した場合には、代襲相続人（放棄した父親の子）は、「遺留分放棄」の状態を引き継ぐことになります。

遺留分を有する相続人が、相続開始後に遺留分を放棄する場合には、家庭裁判所の許可は必要ありません。

通常、「遺留分侵害額請求権」を放棄する意思については、他の相続人に表示するか、あるいは遺留分については一切触れずに放置するかのいずれかです。

一年経過後には、「遺留分侵害額請求権」は、時効により消滅します。

「遺留分侵害額請求権の放棄」の効果は、「相続開始前の放棄」と同様ですので、一人の相続人の放棄は他の相続人には影響しません。

「遺留分の放棄」は「相続の放棄」ではないため、遺留分を放棄した場合でも、相続開始後には相続

●　遺留分放棄者がいる場合の遺留分　●

	法定相続分	遺留分	遺留分放棄者がいる場合の遺留分
配偶者	1/2	1/4	1/4
長　男	1/4	1/8	1/8
次　男	1/4	1/8	放棄

人になります。つまり、「遺留分の放棄」を行った場合でも、相続人としての地位を失ったわけではありません。

さらに、被相続人の遺産がプラスの財産ばかりであればよいのですが、「マイナスの財産」も遺していた場合、「相続放棄」や「限定承認」の手続きを行っていないと、「負債」のみを相続するという危険性もあります。

15 民法改正により嫁が特別寄与料を請求できるようになりました

「嫁」という存在は、夫の両親の世話をする苦労が多い割には、相続についてはとても弱い立場に置かれています。

とりわけ長男の嫁は、結婚後に夫の両親と同居して何十年も面倒をみてきたとしても、夫の両親の相続に際しては法定相続人にはなれませんので、遺産を相続できる権利は一切ありません。

たとえば、交通事故で亡くなった長男（夫）の妻が、義母に先立たれて一人になり、闘病生活を余儀なくされていた義父のことを気の毒に思い、同居しながら面倒を見続けてきた状況の中で義父が亡くなった場合に、長男の妻には相続権はありません。

それに対し、家にも寄り付かず父の病気を見放していた次男、あるいは遠方に嫁いでいて世話ができきなかった長女は、法定相続人となってしまいます。

長男の妻が、義父と同居して献身的に何年も看病していたときでも、長男の妻は相続人にはなれないのです。

現実に起こった話ですが、次男がそれまで父の面倒を見ていた長男の嫁（義姉《ぎし》）に対して、「この家は、私が父から相続したもので、近々売却する予定だから、すぐに出て行ってくれ」と言い放ち、家を追い出した事例もあります。

そこで、平成三〇年に改正された民法によって、相続人以外の者（六親等以内の血族、配偶者、三親等以内の姻族、たとえば長男の妻）が無償で被相続人（たとえば長男の父親）の療養介護等に貢献していたことにより、被相続人の財産の維持または増加について特別の寄与をしていた場合等には、遺産を全く相続できないの

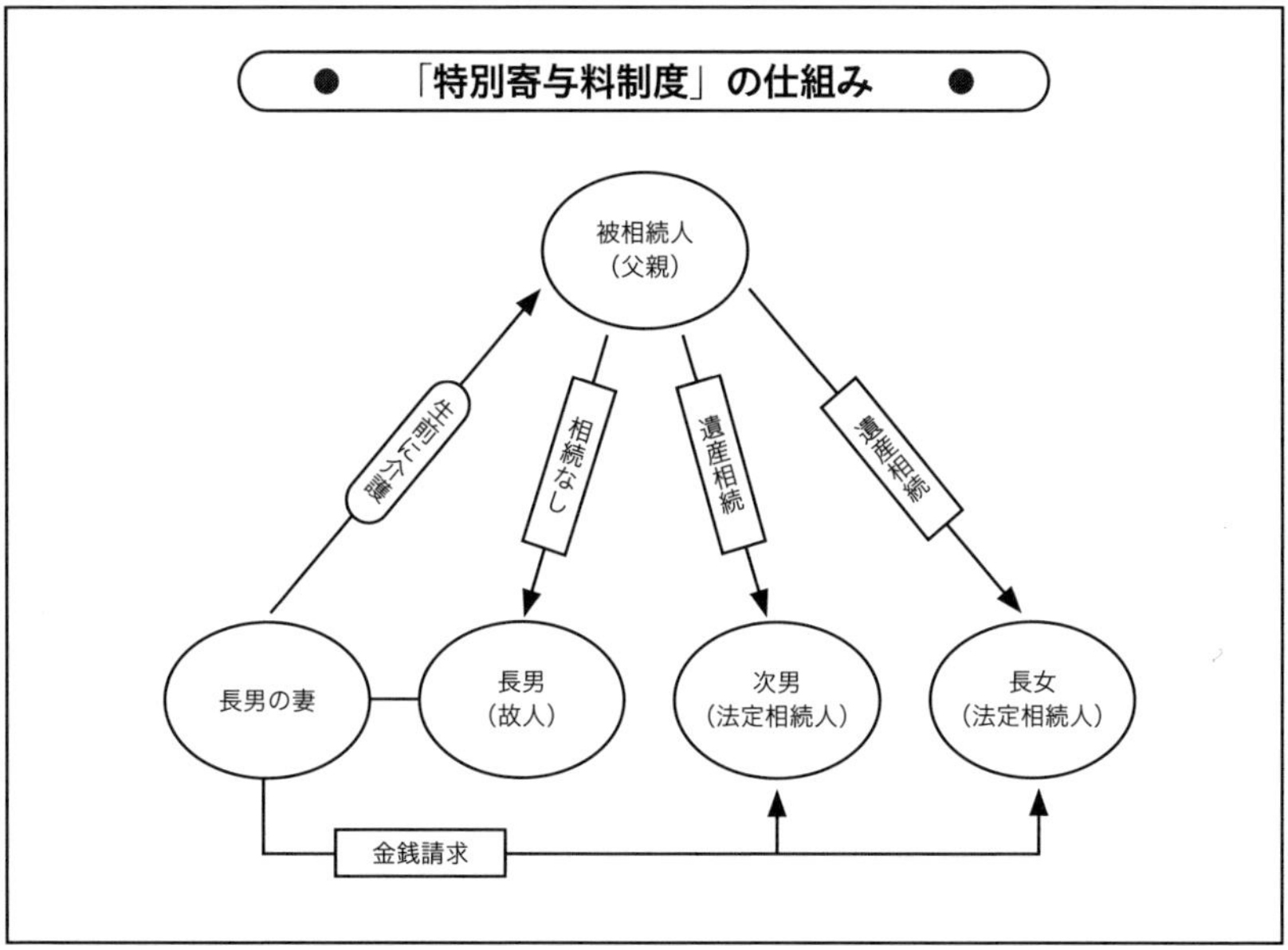

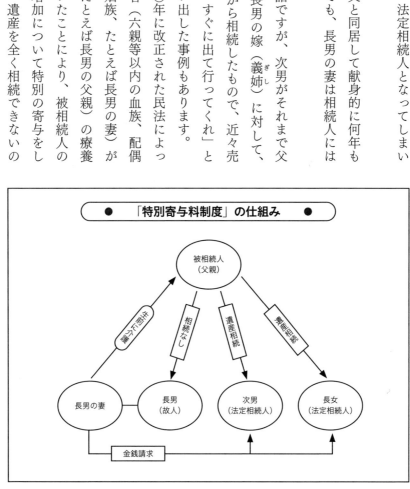

では不公平になるために、法定相続人に対して金銭の請求を認める制度が新設されました。

この制度を**特別寄与料制度**といい、平和元年七月一日から施行されています。

相続人の間では遺産分割の内容等に争いがない場合でも、相続人以外の者の貢献の有無・程度について紛糾することがあるかもしれません。そのために、全体として遺産分割ができなくなるなど、相続を巡る紛争が複雑化・長期化するおそれがあります。

そこで、「特別寄与制度」では、遺産分割の手続きが過度に複雑にならないように、遺産分割は、現行法と同様に、遺産分割協議の当事者として相続人だけで行いますが、相続人以外の者に「特別の寄与」が認められるときには、**特別寄与者**（相続人以外の者）は相続人に対して金銭を請求できるようになっています。つまり、「特別寄与者」は、遺産分割に事後的・間接的に参加できる仕組みになっています。

被相続人（たとえば、義父）は、「遺言」や嫁との養子縁組の制度を活用することによって、いろいろと面倒を見てくれた嫁に財産を引き継がせることも必要なことかもしれません。

16 遺産分割を明らかにするために遺産分割協議書を作りましょう！

「遺言書」が残されていなかった場合には、故人（被相続人）の相続財産は、相続人間で「遺産分割協議」によって分けられますが、この遺産分割協議の結果を書面化したものとして**遺産分割協議書**が作成されます。

「遺産分割協議書」を作成しなくても、遺産分割の話し合いがまとまれば、その遺産分割協議は法的に成立したことになりますが、相続人相互間で遺産分割に関する意思を確認するとともに、将来の紛糾・揉め事を未然に防ぐためには、「遺産分割協議書」は必ず作成するべきでしょう。

また、「遺産分割協議書」は、預貯金・不動産などの相続財産の名義変更、相続税の申告にあたっての添付書類として必要になります。

遺産分割協議書の作成には、法定相続人全員の合意が必要ですので、きちんと戸籍を調査し、法定相続人に間違いないことを確認する必要があります。

遺産分割協議書に相続財産を記載する場合には、財産の記載漏れがないようにすることはもちろんですが、必ずしも一度にすべての財産を記載する必要はありません。日付をずらして、不動産の協議書、預貯金の協議書、有価証券の協議書などのように分けて作成することもできます。不動産は登記簿どおりの表記、預貯金は銀行の支店名・口座番号まで記載します。

遺産分割協議書を有効するためには、相続人全員の署名・押印が必要です。記名でもかまいませんが、後日のトラブルを避ける意味では、なるべく自署がよいでしょう。

印鑑は、銀行や法務局などで実印が要求されますので、印鑑証明書が必要です。また、遺産分割協議書が複数のページにわたる場合は、割印が必要です。

●　「遺産分割協議書」の記載例　●

遺産分割協議書

被相続人　菊谷宗正の遺産については、同人の相続人の全員において分割協議を行った結果、各相続人がそれぞれ次のとおり遺産を分割し、取得することに決定した。

1. 相続人　菊谷美津子（被相続人の妻）が取得する財産

⑴　土地
　神奈川県鎌倉市山ノ内１丁目２番地
　宅地　　372.89平方メートル

⑵　建物（家屋番号　1234番）
　同所同番地
　木造瓦葺２階建居宅　　214.64平方メートル

⑶　家財一式
　同所同番地

⑷　有価証券
　鹿島建設（株）株式　　10,000株

⑸　預貯金　　10,000,000円
　（株）ゆうちょ銀行　　通常貯金　記号番号00123-4-567890

⑹　現金

2. 相続人　菊谷正一（被相続人の長男）が取得する財産

⑴　預貯金
　（株）みずほ銀行　鎌倉支店　　定期預金　口座番号1234567

⑵　現金　　10,000,000円

3. 相続人　菊谷正子（被相続人の長女）が取得する財産

⑴　預貯金
　（株）みずほ銀行　鎌倉支店　　定期預金　口座番号2345678
　現金　　10,000,000円

4. 相続人　菊谷美津子が承継する債務

⑴　鎌倉市役所　　住民税　　680,000円

前記のとおり相続人全員による遺産分割の協議が成立したので、これを証するための本書を作成し、以下に各自記名押印する。

令和元年８月８日

神奈川県鎌倉市山ノ内１丁目２番地
相続人　菊谷美津子　（実印）

神奈川県鎌倉市山ノ内１丁目２番地
相続人　菊谷正一　（実印）

神奈川県鎌倉市山ノ内１丁目２番地
相続人　菊谷正子　（実印）

なお、相続財産を名義変更するには、たとえば、次のような添付書類が必要となります。

①　被相続人の戸籍謄本・除籍謄本・改製原戸籍
②　相続人全員の戸籍謄本または戸籍抄本
③　相続人全員の印鑑証明書
④　相続人全員の住民票
⑤　固定資産税評価証明

第四章　遺言書の正しい書き方

1

遺言書とエンディングノートの違いとは？

遺言は、死んだ後のことを言い残す（書き残す）最後の言葉です（法律上は「いごん」と読みます）。遺言者の最後の意思表示として、基本的には何でも書くことができますが、「法律上の遺言」としての効力が認められるためには、法定遺言事項が必要です。

法定遺言事項は、「財産を死後にどのように誰に引き継がせるか」ということなど、次のような事項に限られています。

① 相続に関する事項

イ　相続分の指定および指定の委託

ロ　遺産分割方法の指定および指定の委託

ハ　推定相続人の廃除、その取消

ニ　遺産分割の禁止

ホ　相続人相互の担保責任の指定

ヘ　遺留分減殺方法の指定

ト　生命保険金受取人の指定・変更

②　身分に関する事項
イ　認知
ロ　後見人の指定、後見監督人の指定
③　財産処分に関する事項
イ　遺贈
ロ　財団法人設立のための寄附行為
ハ　信託の設定
④　その他
イ　遺言執行者の指定および指定の委託
ロ　祭祀承継者の指定

近年、「エンディングノート」が流行っているようです。ノートの中に、葬式に参列してほしい人、自分の生い立ちや楽しかった思い出、財産の分け方など、自分の思いが自由に書き込まれているようです。

この方式のノートに財産分けを詳細に書き込んだとしても、「遺書」に過ぎません。「遺言書」としての法的な効力のないケースがほとんどです。

「エンディングノート」を書き残している人も「これで大丈夫」とは思わないで、別途、きちんと法的に効力のある「遺言書」を作成しておいたほうがよいでしょう。

2 認知症患者や児童の遺言書に遺言能力はありますか？

法定遺言事項に基づいて作成された「遺言書」には、法的な効力が生じます。したがって、遺言書の作成者には「遺言能力」が備わっているかどうかが問われます。

遺言能力とは、自分の遺言書の内容がどういう内容であるのか、その遺言書によって相続結果がどういうことになるのかをきちんと理解・判断できる能力をいいます。

この法的な効力を理解できない児童、判断能力を失った人（たとえば認知症患者）は、「遺言能力」に欠けるとみなされますので、このような人が作成した遺言書は無効として処理されてしまいます。

満一五歳以上の未成年者、成年被後見人であっても、意思能力さえあれば遺言できますが、成年被後見人の場合は、遺言書作成時に事理を認識する能力が回復していることなど、一定の条件を満たしている必要があります。

相続人の中には、自分にとって不利な相続内容を書かれた「遺言書」を無効にしたいと思う方もいらっしゃいます。そのような方から「遺言者は遺言書の作成時には認知症の状態であり、遺言能力がなかったので、その遺言書は無効である」と主張されるかもしれません。

遺言能力をめぐる相続争いが始まり、訴訟になることもあります。訴訟に際しては、遺言書の無効を主張する人が、「遺言能力」が遺言者になかったことを証明しなければなりません。

その証明には、遺言者の当時の判断能力の程度、年齢、病状、日頃の言動や遺言書作成に際しての経緯、遺言の内容など、さまざまな側面から判断されることになります。

遺言者の「遺言能力」に疑問がある場合には、事前に公証人に相談しながら「公正証書遺言」を作成するとか、遺言の際に医師に診断書を作成してもらうとか、将来の醜い争族を避けるための予防策を講じておくとよいでしょう。

しかし、「公正証書遺言」を作成していたとしても、「遺言能力の有無」が争われ、「公正証書遺言」が無効であると判示された判例（平成九年一〇月二四日東京地裁判決）もあります。「公正証書遺言」の作成時に、遺言者の次のような状況が裁判で証明されたためです。

①　CT検査により脳血管障害の他覚的所見が認められていた。
②　周囲の者の言動に迎合し、その意見に従って自分の財産の管理に関する意思表示を次々と変更していた。
③　主治医の診断で明らかな痴呆が認められていた。
④　日常会話や文章を書くことは可能であったものの、自分の置かれている状況の判断がついていなかった。

このような事由により、「遺言能力の有無」が争われ、「遺言者は、遺言書の作成時点に周囲の指示に従って文字を書く能力を有していたが、自らの意思で行為をなし、自らの行為の意味と結果を認識できる判断能力を失っていたと認められる」とみなされ、遺言は無効とされました。

3 遺言にはどんな種類がありますか？

遺言の種類は、「普通方式の遺言」と「特別方式の遺言」に大別されます。

普通方式の遺言は、一般的に行われている遺言方式で、自分の好きな時に自由に作成されるものです。「普通方式の遺言」には、次の三種類がありますが、それぞれに特徴がありますので、どの種類の遺言を作成するのかは自分で選ぶことができます。

① 自筆証書遺言

自筆証書遺言は、遺言者が自分ひとりで書き残すことができる遺言であり、紙と筆記用具と印鑑さえあれば作成できますので、最も手軽で簡単・安価な遺言です。

② 公正証書遺言

公正証書遺言は、公証人が遺言者のために公正証書として作成する遺言です。公証人によって作成・保管されますので、遺言としては最も安全で確実です。

③　秘密証書遺言

秘密証書遺言は、遺言の内容を秘密にして書き残す遺言です。遺言者が遺言の偽造・変造・紛失等を防ぎたい場合に、利用されることがあります。

他方、**特別方式の遺言**は、死が切迫している状況等、「普通方式の遺言」ができない危急状態時に、特別に認められている遺言です。「特別方式の遺言」には、次のような四種類があります。

①　一般危急時遺言

一般危急時遺言は、疾病などによって死亡の危急に迫っているけれども、意識はしっかりしている人が遺言を残しておこうとするときに作成されます。

②　難船危急時遺言

難船危急時遺言は、船舶の遭難に出会ったときに、その船舶の中で死亡の危急に迫っている人が残した遺言です。

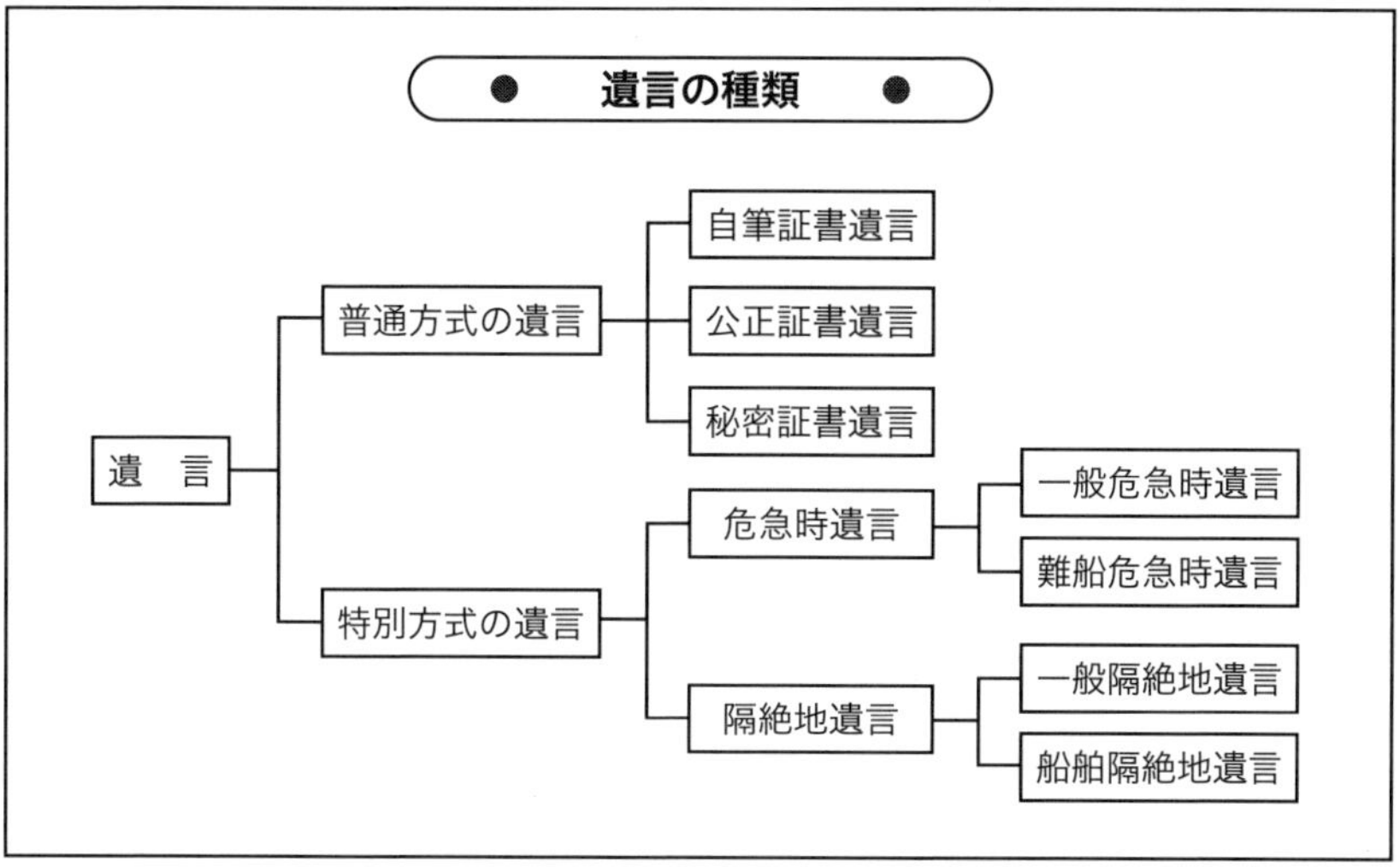

③　一般隔絶地遺言

一般隔絶地遺言は、伝染病のために交通機関が断たれ、隔絶地となったために、その地域にいる人が遺言を残しておきたいときに作成されます。

④　船舶隔絶地遺言

船舶隔絶地遺言は、遠洋漁業などで長期間にわたって船舶により海洋を航行しているときに、その航行中の人が残した遺言です。

このように、「特別方式の遺言」は、突発的な危急事態が発生したために、「普通方式の遺言」を作成できない場合に、緊急避難的に用いられています。

したがって、遺言者が「普通方式の遺言」をできるようになった状態から六か月間生存した場合には、「特別方式の遺言」の効力は自動的に喪失することとなっています。

4 自筆証書遺言の正しい書き方

自筆証書遺言は、遺言者が遺言書の全文、日付、氏名を自署し、これに押印する方式の遺言です。

遺言者がいつでも自由に作成できますが、「自筆証書遺言」として認められるためには、法律で定められた厳格な決まりを守る必要があります。

法的な効力が認められる「自筆証書遺言」の要式・書き方は、次のとおりです。

①　自筆で書きます。

「自筆証書遺言」は、遺言者が全文を自筆で書かなければなりません。代筆の遺言書は、無効とされてしまいます。

また、ワープロや録音テープ、ビデオテープなどによる遺言書も無効となってしまいます。

ただし、平成三〇年七月六日に成立した「法務局における遺言書の保管等に関する法律」（以下「遺言書保管法」と略します）によって、自筆証書遺言の方式緩和が実現しました。

平成三一年一月一三日から、手書きでしか認められていなかった自筆証書遺言に対して、「財産目録」については、自書しなくてもよいことになりました。

財産目録には、パソコン入力・代筆が可能となり、預金通帳・不動産の登記事項証明書等のコピーにより預金残高・不動産価額等が特定できるようになっています。

「財産目録」については、各頁に自筆署名・押印を行う必要があります。

枚葉署名押印は要求されていますが、印鑑については、遺言書本体で用いた印鑑と同一である必要はありません。

②　日付を書きます。

複数の遺言書があった場合には、日付は、どちらが後から作成されたものなのかを判断するうえで、とても重要になります。通常、「年月日」を書きますが、元号、西暦のどちらでもよいことになっています。

ただし、日付は特定しなければなりません。「令和二年五月吉日」の記載や「令和四年五月」などでは、日付が特定できませんので、無効となります。

他方、日付が特定できればよいので、「令和二年海の日」、「令和三年元旦」などの記載は有効です。

③ 氏名を書きます。

「自筆証書遺言書」に署名する氏名は、通常、戸籍上の本名を書くことになっています。ただし、「遺言者」を特定できるならば、芸名や通称、屋号などでもよいことになっています。

④ 押印します。

押印については、遺言者本人が「自筆証書遺言書」に押印しなければなりません。この場合には、使用する印鑑は、必ずしも実印である必要はありません。

用紙については、特に定めはありません。レポート用紙、便箋、原稿用紙等、何でもよいわけです。書式も、縦書きでも横書きでもよいことになっています。

筆記具については、毛筆、万年筆、ボールペン、サインペン等、何でもかまいません。ただし、鉛筆は消えやすいので、避けたほうがよいでしょう。

文字についても、判読できればどのような文字でも有効となります。判例では、日本語と英語が混在する遺言書も有効とされています。

●　自筆証書遺言書の記載例　●

自筆証書遺言の方式（全文自書）の緩和方策として考えられる例

１　遺言書本文（全て自書しなければならないものとする。）

遺言書

１　私は、私の所有する別紙目録第１記載の不動産を、長男甲野一郎（昭和〇年〇月〇日生）に相続させる。

２　私は、私の所有する別紙目録第２記載の預貯金を、次男甲野次郎（昭和〇年〇月〇日生）に相続させる。

３　私は、上記１及び２の財産以外の預貯金、有価証券その他一切の財産を、妻甲野花子（昭和〇年〇月〇日生）に相続させる。

４　私は、この遺言の遺言執行者として、次の者を指定する。
住　　所　〇〇県〇〇市〇〇町〇丁目〇番地〇
職　　業　弁護士
氏　　名　西山　太郎
生年月日　昭和〇年〇月〇日

令和２年７月１日
住所　東京都千代田区霞が関１丁目１番１号
甲　野　太　郎　㊞

（注）「行書体」で記載している部分は自書。

2　別紙目録（署名部分以外は自書でなくてもよいものとする。）

物件等目録

第１　不動産
　１　土地
　　所　　在　○○市○○区○○町○丁目
　　地　　番　○番○
　　地　　積　○○平方メートル
　２　建物
　　所　　在　○○市○○区○○町○丁目○番地○
　　家屋番号　○番○
　　種　　類　居宅
　　構　　造　木造瓦葺２階建
　　床 面 積　１階○○平方メートル
　　　　　　　２階○○平方メートル
　３　区分所有権
　１棟の建物の表示
　　所　　在　○○市○○区○○町○丁目○番地○
　　建物の名称　○○マンション
　専有部分の建物の表示
　　家 屋 番 号　○○市○○区○○町○丁目○番の○○
　　建物の番号　○○
　　床　面　積　○階部分○○平方メートル
　敷地権の目的たる土地の表示
　　土地の符号　1
　　所在及び地番　○○市○○区○○町○丁目○番○
　　地　　　目　宅地
　　地　　　積　○○平方メートル
　敷地権の表示
　　土 地 の 符 号　1
　　敷地権の種類　所有権
　　敷地権の割合　○○○○○分の○○○
第２　預貯金
　１　○○銀行○○支店　普通預金
　　口座番号　○○○
　２　通常貯金
　　記　　号　○○○
　　番　　号　○○○

甲 野 太 郎　㊞

出所：法務省ホームページ
　　http://www.moj.go.jp/content/001279213.pdf　一部修正

封筒に遺言書を入れることは、「自筆証書遺言」の要件にはなっておりませんが、なるべく封印したほうがよいでしょう。

5 自筆証書遺言には長所もあれば短所もあります

「自筆証書遺言」の長所は、民法で定められている遺言方式の中で、最も簡単・安価に作成できることでしょう。

「公正証書遺言」で求められている「立会人」や「法定証人」の参加は必要ありませんので、思い立った時に、誰にも知られずに自分の意思（遺言）を書き残すことができます。

また、決まった書式や手続きは特にありませんので、手許に紙とペンと印鑑さえあれば、すぐに作成でき、お金もかかりません。

「自筆証書遺言」の短所は、一般の人が自分一人で作成し、専門家のチェックを受けていない場合、せっかく内容的には適切に書けていたとしても、民法で決められた形式に不備があり、法律的に無効とされてしまうこともあります。

たとえば、①日付が特定されていない、②パソコン入力した財産目録に自筆で署名していない等のときには、無効になってしまいます。

なお、「自筆証書遺言」は、遺言者の死後遅滞なく「家庭裁判所の検認」を受けないと、遺言を執行できません。**検認**とは、家庭裁判所の係官が立ち会って、相続人と一緒に「自筆証書遺言」の内容を検査・認証することです。

遺言書が封筒に封印されていた場合には、検認の前に開封してはいけません。封印された遺言書を相続人が検認前に封を開けますと、五万円以下の過料に処せられることがあります。

また、遺言書に封がされていない場合は、中を見ても法的には問題ありませんが、あらぬ誤解を招く可能性もあるので、避けたほうがよいでしょう。

6 民法改正により自筆証書遺言の保管制度が始まります！

被相続人（遺言者）が生前に「自筆証書遺言」の保管場所を家族に教えていなかった場合、遺言者の死亡後に見つからないこともあります。

誰かに発見されたとしても、都合のいいように遺言書が偽造・変造される危険性もあります。有り得ないことではありますが、「自筆証書遺言書」自体を隠匿・廃棄する相続人も出てくるかもしれません。

また、「自筆証書遺言」が残された場合、家庭裁判所における遺言書の「検認」という手続きが必要であり、相続開始時に手間と時間がかかってしまいます。

「遺言書保管法」の制定によって、令和二年七月一〇日から自筆証書遺言書を法務局で保管してもらう制度が始まります。

遺言書の紛失・隠匿・偽造等のリスクがなくなるとともに、検認の手続きが不要となり、相続手続きが簡素化されますので、「自筆証書遺言書」を作成する人が増えるかもしれません。

遺言者は、いつでも自分の遺言書の保管を申請することができますが、その申請には自ら遺言書保管所へ出頭し、本人確認の書類提示、説明を行わなければなりません。

遺言書の保管に関する事務は、法務大臣指定の法務局の「遺言書保管所」で行い、その実際の事務には「遺言書保管官」が取り扱います。したがって、遺言者は遺言書保管官に対して、遺言書の保管を申請することになります。

遺言書保管の申請に際しては、遺言者自らが遺言書保管所（遺言者の住所地、本籍地、所有している不動産の所在地などの所轄法務局・支局・出張所）へ出頭しなければなりません。

保管申請に係る遺言書は、法令で定める様式により作成した無封のものになります。

なお、遺言書に添えて提出する申請書には、次の事項を記載する必要があります。

① 遺言書に記載されている作成年月日

② 遺言者の氏名、出生の年月日、住所および本籍（外国人の場合、国籍）

③ 遺言書に受遺者または遺言執行者がある場合、その者の氏名または名称および住所

④ その他法務省令で定める事項

遺言書保管の申請と同様に、遺言者はいつでも遺言書の申請を撤回することができます。その場合は、撤回の旨を記載した撤回書とともに、法務省令で定める書類を添付して、自らが遺言書保管所に出頭・提出しなければなりません。これにより、遺言書は返還され、この遺言書の情報は消去されます。

関係相続人（遺言者の相続人、遺言執行人および受遺者）は、遺言者の死後、遺言書保管ファイルに記載されている事項を証明した書面（**遺言書情報証明書**といいます）の交付を請求することができます。

遺言書保管の有無については、相続人、受遺者等は誰でも照会できるようになっています。その場合には、遺言書に記載されている作成年月日、遺言書を保管している遺言書保管所の名称、保管番号が記載された書面（**遺言書保管事実証明書**といいます）の交付を申請することができます。

遺言書保管申請者、遺言書閲覧申請者、遺言書情報証明書交付者または遺言書保管事実証明書交付者に対して、それぞれの事務に係る実費のほかに、物価変動を考慮して政令で定める手数料が徴収されます。手数料は、印紙による納付になります。

7 公文書としての公正証書遺言の作成方法とは？

公正証書遺言は、法律の専門家である「公証人」が民法や公証人法などの法律に基づいて作成する「公文書」になります。公文書ですので、高い証明力や信用力があり、裁判所による「検認手続き」を行わなくても、すぐに遺言を執行できます。

公正証書遺言の作成手続きは、一般に次のような手順で行われます。

①　遺言者が具体的な遺言内容を決めます。
②　遺言者は、公正証書遺言作成に必要な資料等を収集します。
③　遺言者は、遺言者の住所地（都道府県）の公証役場に公正証書遺言を作成したい旨を事前に連絡します。
④　指定された日時に公証役場に行き、公証人に遺言内容に関する意思を伝言します。その際、公証人からアドバイスされることもあります。
⑤　後日、不足資料の提出や遺言内容に関する打合せを行い、最終決定します。
⑥　指定日時に法定証人（二名以上）とともに公証役場に行き、遺言内容の読み聞かせを行います。
⑦　遺言内容に間違いがなければ、遺言者および法定証人が署名押印します。その際、遺言者は実

印の押印となりますが、証人は認印でもかまいません。

遺言者が署名できない場合には、公証人が理由を付記し、署名に代えることができます。

⑧ 証人が、民法の方式に従って作成している旨を付記し、これに署名押印します。

⑨ 遺言書を三通作成し、正本と謄本の二通が渡されます。

公証人は、自宅や病院、老人ホーム等にも出張してくれますが、出張料がかかります。

「公正証書遺言」の作成に際しては、遺言者は必要資料等を準備し、公証人に提出しなければなりません。求められる資料は、一般的に、次のようなものです。

① 遺言者の実印
② 遺言者の印鑑証明書（三か月以内）
③ 相続財産を引き継ぐ人が相続人となる場合、戸籍謄本
④ 相続財産を引き継ぐ人が相続人でない場合、住民票
⑤ 動産の登記簿謄本、固定資産税評価証明書
⑥ 預金の残高証明書、株式の預り証、その他財産を特定できる資料
⑦ 遺言内容のメモ
⑧ 証人の住所、氏名、生年月日等がわかる身分証明書
⑨ 遺言執行者の住民票等
⑩ その他、公証人に提出を求められた書類

公証人によって若干異なる場合がありますので、事前に、公正証書遺言書を作成しようとする公証役場に、公正証書遺言作成に必要とされる資料を確認しておくとよいでしょう。

8 公正証書遺言にも長所もあれば短所もあります

「公正証書遺言」の長所は、公証人が公正証書遺言を作成しますので、偽造・変造のおそれや要式不備によって無効になることはありません。

この遺言書の原本は公証役場に保管されていますので、紛失・滅失の心配もありません。保管期間は、二〇年間または遺言者が一〇〇歳に達するまでのいずれか長い年数となっています。

公正証書遺言に対して、「家庭裁判所の検認」は必要ありませんので、すぐに遺言執行手続きに着手できます。さらに、不動産の名義書換えなどもスムーズに行うことができます。

このような理由により、公正証書遺言は、後日に揉め事・訴訟もなく、最も安心・確実です。

「公正証書遺言」の短所は、公証人への依頼が必要であり、費用・時間がかかってしまうことです。また、公正証書遺言の作成に際しては、二人以上の証人の立会いが必要となりますので、遺言内容を完全に秘密にすることはできないかもしれません。

9 公正証書遺言の作成には証人の立会い・費用がかかります

公正証書遺言の作成の際に立ち会う証人は、遺言書の記載内容をきちんと理解し、その内容が遺言者の意思であったことを証明できる能力を備えていなければなりません。したがって、未成年者、利害関係者、言葉や文字を理解できない人、署名押印できない人などは、証人にはなれません。

もし証人が欠格者であり、または法定数（二名以上）の証人に満たない場合には、その公正証書遺言は無効になります。

「自筆証書遺言書」の作成にはほとんど費用はかかりませんが、「公正証書遺言書」の作成には手数料がかかります。その場合、対象財産（不動産・預金債権・動産など）の価格に応じ、相続・遺贈の相手方ごとに計算され、その合計額が手数料になります。

このほかに一万一、〇〇〇円が加算されますが、目的物の合計額が一億円を超えるときは、加算されません。

たとえば、相続対象財産が七億円あり、各相続人にそれぞれの財産評価額（妻：三億五、〇〇〇万円、長男：一億七、〇〇〇万円、次男一億円、長女八、〇〇〇万円）を相続させる遺言書を作成した場合には、公正証書遺言の作成手数料は、具体的には、次頁の手数料例のように計算されます。

●　公正証書の作成手数料　●

	目的物の価額	手数料
公正証書の作成	100万円まで	5,000円
	200万円まで	7,000円
	500万円まで	11,000円
	1,000万円まで	17,000円
	3,000万円まで	23,000円
	5,000万円まで	29,000円
	1億円まで	43,000円
	以下の超過額5,000万円までごとに ３億円まで　13,000円 10億円まで　11,000円 10億円を超えるもの　8,000円	

●　公正証書遺言作成の手数料例　●

各人の財産額		手数料の金額	
妻	３億5,000万円	43,000円＋13,000円×４＋11,000円	＝106,000円
長男	１億7,000万円	43,000円＋13,000円×２	＝ 69,000円
次男	１億円	43,000円	＝ 43,000円
長女	8,000万円	43,000円	＝ 43,000円
合計	７億円		261,000円

（注）遺言書のページ数などによって金額は異なります。

公証人に出張を依頼した場合には、手数料が五割増しになります。このほかに、日当、実費交通費も加算されることになります。また、遺言書のページ数などによっても、金額が変わります。

10 相続人は公正証書遺言の有無を照会できます！

亡くなった人（遺言者）が本当に「公正証書遺言」を作成したかどうかを調べるためには、どのようにすればよいのでしょうか。

平成元年以降に作成された公正証書遺言は、「日本公証人連合会」において、次の情報がコンピュータ管理されています。

① 公正証書遺言を作成した公証役場名
② 公証人名
③ 遺言者名
④ 作成年月日　等

公正証書遺言の有無については、相続人などの利害関係人だけが、公証役場の公証人を通じて「日本公証人連合会」に「公正証書遺言」の照会を依頼することができます。

その照会を依頼する場合には、依頼人（相続人等）の身分を証明するもの（パスポート、運転免許証など）、故人の死亡事実の記載があり、かつ、故人との利害関係を証明できる記載のある戸籍謄本が必要になります。

11 秘密証書遺言で相続内容を隠すことができますか？

秘密証書遺言は、存命中には遺言の内容を秘密にしておきながら、死亡後にはその偽造・変造のリスクを防ぎたいときに作成する遺言です。

「自筆証書遺言」は、生前には遺言内容は洩れませんが、遺言者の死後に偽造・変造のリスクがあります。

「公正証書遺言」は、最も確実・安全な遺言ですが、証人からその遺言内容が洩れる不安があります。

「秘密証書遺言」は、自筆証書遺言と公正証書遺言の中間的な遺言です。つまり、遺言内容については、遺言者自身で作成・封印し、公証人がその封筒に封紙を貼ることにより遺言内容を秘密にできます。

この手順により、生前には遺言の内容を誰にも知られず、死亡後には遺言書の偽造・変造のリスクも回避できます。

「秘密証書遺言」の法的な効力が認められるためには、次のような作成手続きが必要です。

①まず、遺言者が遺言書を作成します。筆記具は、自筆・代筆でもパソコン入力でもかまいません。ただし、ビデオテープや録音テープは認められません。署名は必ず自筆で行い、実印または認印を押印します。
②次に、遺言者が遺言書を封筒に入れて封をし、遺言書に押印した印鑑で封印します。
③証人二人以上の立会いの下に、遺言者は封筒を公証人に提出します。
④遺言者は、住所・氏名、封筒の中身が自分の遺言であることを公証人に申し述べます。遺言書が代筆である場合には、代筆者の住所・氏名も申し述べます。
⑤公証人は、遺言者の申述した旨、提出日を封紙に記載します。
⑥最後に、遺言者、公証人および証人がそれぞれ署名・押印します。
なお、公証役場には遺言書の控えは備置されませんので、遺言書の保管には注意が必要です。

12 秘密証書遺言には長所もあれば短所もあります

「秘密証書遺言」の長所は、自分が生きている間は遺言内容を秘密にしておくことができ、亡くなった後には遺言書の偽造・変造のリスクを防ぐことができます。

「秘密証書遺言」の短所は、公証人が遺言書の内容を確認していませんので、「自筆証書遺言」と同

●　普通遺言方式における特徴の比較　●

	自筆証書遺言	公正証書遺言	秘密証書遺言
遺言の要式	遺言者が全文を自筆で書き、日付、署名および押印が必要です。ただし、令和元年７月１日から、添付する「財産目録」には自書要件はありませんが、署名と押印は必要です。	遺言者が遺言の趣旨を口授し、公証人がこれを筆記・作成したものを読み聞かせ、閲覧させます。日付、署名および押印が必要です。遺言者と証人は、これを承認し、署名と押印を行います。	遺言者が証書に署名と押印を行い、封書に同じ印で封印します。公証人が封書に日付と遺言者申述を記載証人の署名と押印も必要です。
証人	不要です。	２名以上必要です。	２名以上必要です。
検認	必要ですが、令和２年７月10日から施行される「遺言書保管制度」を利用する場合には、不要です。	不要です。	不要です。
費用	不要ですが、「遺言書保管制度」を利用する場合には、必要です。	「公証人手数料令」第９条別表に定められる費用が必要です。	「公証人手数料令」第28条に基づいて、11,000円が必要です。

様に、無効となる可能性、遺言書の紛失・盗難などの危険性もあります。

ただし、証人の要件（「公正証書遺言」と同じ）を欠いたり、封筒の印と遺言書の印が異なる場合など、「秘密証書遺言」としては無効になった場合でも、自筆証書遺言としての要件を備えていれば、「自筆証書遺言」による遺言としての効力を持つことができます。

「秘密証書遺言」は定型的な処理で作成されるために、公証人の手数料は一律一万一、〇〇〇円となっています。

13 遺言はいつでも何回でも書き直し・取り消しができます！

民法で定める「遺言の方式」に従って、遺言の一部または全部をいつでも取り消すことができます。これを**遺言の撤回**といいます。

この場合における「遺言の方式に従って」という意味は、取消しの意思表示だけでは取り消したことにはならないということであり、「遺言書」によってきちんと取り消す必要があるということです。「公正証書遺言」は、必ずしも「公正証書遺言」によって取り消す必要はありません。「自筆証書遺言」により取り消すこともできますし、その逆も大丈夫です。

次のような場合には、「遺言の方式」と同様に、遺言の取消しがあったものとみなされます。

①　遺言書の破棄処分による取消し

遺言者が遺言書を破棄処分すれば、遺言者の遺言は取り消されたものとみなされます。遺言者が「自筆証書遺言」を破棄処分した場合には、遺言書そのものが存在しないことになりますので、その破棄した部分については取り消したことになります。

ただし、「公正証書遺言」の破棄処分の場合には、手許の公正証書遺言を破棄処分したとしても、原本は公証役場に保存されていますので、実際には取り消したことにはなりません。「公正証書遺言」を取り消すためには、必ず「遺言の方式」に従う必要があります。

②　遺言記載の目的物の破棄による取消し

遺言記載の目的物（財産）を遺言者が故意に破棄した場合、破棄した部分については遺言を取り消したものとみなされます。

たとえば、「長女に絵画を相続させる。」と遺言したにもかかわらず、その絵画を間違って焼却処分したような場合がこれに該当します。

③　抵触する遺言による取消し

「前の遺言の内容」と「後の遺言の内容」が抵触する場合には、「前に書いた遺言」は「後で書いた遺言」によって取り消されたものとみなされます。

たとえば、前の遺言には「株式は長男に相続させる。」と書かれていましたが、後の遺言では「株式は次男に相続させる。」と書き直されていた場合、遺言の内容が抵触しますので、前の遺言は取り消されたものとみなされます。つまり、後の遺言で指名された次男が株式を相続することになります。

④　抵触する生前行為等による取消し

遺言書に記載された財産が遺言者によって処分されていた場合、その財産は取り消されたものとみなされます。前記③に該当する株式の売却処分などは、遺言者の生前行為等による取消しに該当します。

遺言書記載の目的物が実際には存在しなかった場合、二通の遺言の一部分が抵触している場合等には、無用な紛争・争族化の危険性は高くなります。

このような揉め事・争族を未然に防ぐためには、「遺言の方式」によって前の遺言を撤回し、改めて遺言書を作成し直すほうがよいでしょう。

14　二通以上の遺言書があった場合はどうすればよいのでしょうか？

相続の際に、二通以上の遺言書が残されている場合、日付の最も新しい遺言書が有効であり、それ以外のものは無効なのでしょうか。

二通以上の遺言が出てくるケースとしては、「財産内容に大きな変化があったので、書き直した」、

「紛失したと思ったので、改めて新しく書いた」、「一度作成したが、気が変わって書き直した」、「財産の種類ごとに分けて書き直した」など、さまざまな理由があるようです。

全部の遺言の内容が抵触していなければ、それらの遺言はどれも有効なものとなりますが、内容の一部が抵触している場合には、その抵触部分のみが取り消されたことになり、日付の新しい遺言が有効であるということになります。

「自筆証書遺言」と「公正証書遺言」の二種類の遺言が残されていた場合には、どちらも同等に取り扱われますので、抵触する部分に関しては、「後に書いた遺言」が有効になります。

抵触する二通の遺言書の作成日付が同じであった場合、民法の考えからすれば、作成時刻の遅い遺言が有効であるということになります。

ただし、一般に遺言書に時刻までは記載されませんので、判断は不可能となり、抵触する部分については無効となってしまう危険もあります。

相続人間の争族を避けるためには、なるべく複数の遺言は残さないほうがよいでしょう。

15 遺言の執行には誰が何を行うのですか？

遺言者が死亡すると、「遺言の効力」が生じます。「遺言の効力」が発生した後に、遺言の内容を実現させる権限・職務を持つ人を**遺言執行者**といいます。

遺言執行者が、その権限内において遺言執行者であることを示していた行為は、相続人に対して直接にその効力を生じます。

ただし、遺言者がその遺言に別段の意思を表示していたときは、その意思に従わなければなりません。

一人または複数の遺言執行者の指定は、遺言者の「遺言」によって行われますが、遺言者は、自己の責任で第三者に遺言執行の任務を行わせることができます。

第三者に遺言執行の任務を行わせることについてやむを得ない事由があるときは、遺言執行者は、相続人に対してその選任・監督についての責任のみを負います。

遺言執行者がいない場合、死亡・辞退した場合には、利害関係人の請求によって家庭裁判所が遺言執行者を選任できます。

遺言執行者として指定された人は、おおむね次のような流れで職務執行します。

①　遺言が法的に有効であるか否かを確認・検討します。

遺言が有効であるためには、民法の要式に準拠し、記載内容が法律的に問題のないものでなければなりません。たとえば、公序良俗に反する内容、実行不可能な内容等が検討されます。

②　遺言執行者に就任する場合、相続人・受遺者、その他の利害関係人に対して、遺言執行者就任の旨を通知する必要があります。

③　遺言執行者は、遺言に定められた範囲内で相続財産に対する管理処分権を持つので、就任後には直ちに財産の調査を行い、相続財産の適切な保管が必要となります。

④　遺言執行の対象財産の目録を調製し、「財産目録」を相続人に交付します。また、預貯金の名義書換え等も行います。

⑤　その他、遺言で指定された行為を実施します。

遺言執行に必要な費用としては、相続財産の目録の調製、財産管理、遺言執行者の報酬などがありますが、それらはすべて相続財産から支払われます。

遺言執行者の報酬は、遺言者が遺言で定めていれば、その遺言に従います。定めていなければ、家庭裁判所が相続財産の状況その他の事情により定めることになっています。

第五章　遺言書を作成すべき人々

1 仲が良かった兄弟でも相続財産では突然に揉めます

狭い自宅と僅かばかりの預貯金・有価証券を巡って、相続時に兄弟姉妹で争うことが、ごくごく普通のことのように思えてしまう時代になってきました。

遺言書を残さない人の多くは、「うちは、よそのお金持ちとは違い、揉めるほどの財産はないから大丈夫です。」、「うちの子供たちは、昔から兄弟仲が良いから、大丈夫です。」、「うちの子供たちに限って、相続争いなんかするはずがない。」などと、相続争いを他人ごとのように考えています。

子供の頃からずっと仲が良くても、「相続」をきっかけにして、突然、兄弟姉妹の仲が急速に険悪化してしまうこともあります。仲の良かった兄弟姉妹であっても、相続時には配偶者や弁護士を巻き込んで突然に争うことがあるのです。

相続財産として自宅の土地建物しかない親が、その家に長男家族と同居し、次男は住宅ローンでマイホームを購入しているような場合、次男が「兄が親と一緒に暮らし面倒もみてくれているし、自分にはマイホームがあるので、兄が自宅を相続すればよい。」という優しい意思を持ってくれれば、「遺産分割」も円満に協議・解決できます。

現実には、そうスンナリと片がつきません。次男がそのように考えていたとしても、次男の妻あるいは親族・弁護士が長男に対して、「住宅ローンがたくさん残っているので、四、〇〇〇万円相当の土地建物を長男が相続する代わりに、現金二、〇〇〇万円を支払って下さい。」、あるいは「自宅を売却して、売却代金の半分を分けて下さい。」などと、無理な要求をしてくるかもしれません。「遺産分割」の話し合いは、いつまで経っても、平行線になってしまいます。

相続財産が自宅の土地建物しかないように、分割しようにも分割しづらい財産構成で相続争いが起こり、遺産分割協議の当事者間で話し合いがまとまらない場合には、一般的には、家庭裁判所を利用します。

家庭裁判所の利用には、一定の手続きを必要とします。「遺言書」さえ残していれば、家庭裁判所における不必要な手続き・無駄な時間をかけずに済むケースもたくさんあります。

親とすれば、「長男が一緒に暮らして自分の面倒を見てくれているので、自分が亡くなってもそのまま長男が暮らし続けてほしい。」と思っており、当然、長男も相続できるものと思っていた財産であっても、「遺言書」が残されていなかったばかりに、骨肉相食む相続争いが勃発してしまうのです。

本人は配偶者や子供のために財産を遺したつもりでいても、それが揉め事の種となってしまっては、何のために財産を遺したのかわからなくなってしまいます。

肉親同士の相続争い（争族）を避けるためには、財産の多寡にかかわらず、自分の持っている財産の処分を配偶者・子供まかせにしないで、きちんと「遺言書」という形で書面に残しておくべきです。

自分の子供たちは兄弟仲が良いと思っている親であっても、二人以上の子供がいる場合には、念のために「遺言書」を残しておいたほうがよいでしょう。

2 子供のいない夫婦の財産でも甥や姪に分ける必要があります！

子供がいない夫婦の奥様は、「主人が亡くなったら、財産は全部私が相続できる。」と思い込んでいる方が多いように思われます。

夫婦のどちらかが亡くなった場合における配偶者の相続分は、直系尊属（父母）が存命であれば三分の二、直系尊属が他界し、兄弟姉妹が生きていれば四分の三と決められています。ご主人が亡くなっても、全財産が奥様のものになるわけではありません。

奥様以外にも、ご主人の親が生きていれば親、親が亡くなっていれば兄弟姉妹が法定相続人として相続権を持つことになります。

さらに、ご主人の兄弟姉妹が既に他界している場合であっても、甥や姪が「代襲相続人」として相続権を持つことになります。

子供のいない夫婦の財産は、法的には、遺産分割対象者として甥や姪にも分割しなければならないのです。

子供のいない夫婦の場合には、他の相続人が「相続放棄」に応じてくれない限り、配偶者が全財産を相続することはできません。

ご主人が亡くなった後に、配偶者（妻）が銀行に行き、ご主人名義の預金を引き出そうとしたところ、銀行員からご主人の兄弟姉妹の印鑑証明の提出を求められ、ことの重大さに初めて気がつくケースもよくあることです。

たとえば、夫の相続財産が自宅五、〇〇〇万円、預金一、〇〇〇万円および有価証券二、〇〇〇万円の合計八、〇〇〇万円であり、妻のほかに相続人として甥がいた場合、「遺言書」が残されていないときには、甥との「遺産分割協議」が必要になります。

普段は全く付き合いがなく、どこに住んでいるのかさえもわからなかった甥であっても、探し出して「遺産分割協議」を行わなければ、自宅（不動産）の名義を変更することも、預金・有価証券を換金することもできません。

理不尽にも、「叔母（妻）さんが自宅に住み続けるのであれば、法定相続分どおり有価証券二、〇〇〇万円を自分に相続させて下さい。」と、甥から要求されてくるかもしれません。

このような要求があったときでも、「全財産を妻に相続させる」という「遺言書」が残されていれば、甥の要求を完全にはね返すことができます。

夫婦二人三脚で力を合わせて築きあげてきた財産は、「遺言書」の作成によってすべてを配偶者に相続させることができるのです。直系尊属（父母）には遺留分がありますが、兄弟姉妹（およびその代襲相続人である甥や姪）には遺留分がないからです。

子供のいない夫婦の場合、それぞれが別々に「遺言書」を作成しておくとよいかもしれません。そのような準備があれば、夫婦二人のうちどちらかに先立たれても、兄弟姉妹、甥や姪が財産を相続する権利はなくなります。

遺言書を残さなかったばかりに、戸籍上は親族であっても事実上は赤の他人に近いような相続人が相続できるケースも、意外と多く見受けられます。

このような相続人は、最近、「笑う相続人」と呼ばれるようになってきました。遺言書を作成することによって、「笑う相続人」を一人でも少なくしたいものです。

3 先妻の子がいる場合には遺産分割は少々面倒になります

日本でも、バツイチ・バツニと称される離婚経験者あるいは再婚者の数が増えているようです。再婚前に先妻との間の子供がいますと、相続の際に少々厄介な問題が起こります。つまり、後妻との間でも子供が生まれると、いわゆる異母兄弟と後妻との間で遺産分割協議がこじれてしまうことが多々あります。

父親と子供達が幼少期から仲良く付き合っていれば、問題はないのでしょうが、多くの場合、先妻の子供と父親は疎遠になってしまうようです。

この父親が亡くなった場合、後妻（配偶者）、後妻の子供、先妻の子供が相続人になります。後妻（配偶者）の立場からは、先妻の子供は全く赤の他人です。また、異母兄弟たちは、お通夜の席で初めて顔を合わせるようなことも少なくないでしょう。

日頃は一切お付き合いのない相続人同士が、遺産分割を協議し合うことになります。

後妻（配偶者）は、「私と夫が一生懸命に働いて貯えてきた財産なのに、なぜ先妻の子供にまで相続の権利があるのか。」という気持ちが心のどこかにあるかもしれません。

他方、先妻の子供は、「小さいときに親が離婚したために、父親の愛情を知らずに育ち、シングルマザーで人一倍苦労してきたので、せめて財産くらいはもらいたい。」という感情が湧いてくるかもしれません。

後妻（配偶者）と後妻の子供および先妻の子供が相続人になる場合には、それぞれの相続人の複雑な感情が交差して、遺産分割協議が少々面倒になりそうです。

離婚した後に、後妻の子供のほかに先妻の子供を持つ父親は、子供達と妻達に不快な思いをさせたり、迷惑をかけたりしないように、是非とも「遺言書」を残してあげてください。

4 事実婚カップルの相続はどうなっているの？

事実婚とは、事実上は夫婦として生活を共にしながら、本人たちの意思で「婚姻届け」を提出しない、いわゆる内縁関係のことをいいます。

現代の若者たちの中には、「姓を変えたくない。」、「お互いが精神的・経済的に自立していたい。」、「紙切れ一枚に縛られたくない。」、「お互いの家族との親戚づきあいが煩わしい。」など、さまざまな理由から「事実婚」を選ぶカップルが増えています。

前の配偶者との死別または離婚の後に、新しい相手と「事実の夫婦」として生活していても、自分の子供の姓が変わることに対する配慮から、やむを得ず入籍しないという中高年の夫婦もいらっしゃいます。

婚姻届けの未提出の原因・理由は何であれ、「事実婚」の場合には、法律上の配偶者には該当しませんので、相手の方が亡くなったとしても、お互いに内縁関係者として相続権は一切ありません。

しかし、事実婚の関係にある配偶者が長年にわたり連れ添ってきた場合であっても、相続権がまったく認められないのではあまりに気の毒ですので、できだけ法律上の配偶者と同じような地位を与え、保護するべきであるという考えもあります。

「年金保険法」は、配偶者の定義として「婚姻の届出をしていないが、事実上婚姻関係と同様の事情にある者を含む。」と規定し、遺族年金の給付範囲を内縁関係者にまで拡張しています。

ただし、「相続」に関して法律上認められた権利は、「特別縁故者への財産分与」と「借家権の承継」に限られている状態です。

たとえば、女性が三五歳のときに配偶者と死別し、その後に知り合った同世代の男性と長年にわたって同棲生活を送ってきたが、入籍しないまま専業主婦として暮らしてきた場合、六五歳のときに相手の男性が死亡したときでも、この女性は相続人になることはできません。

数十年にわたり内助の功で支えてきた男性が働いて蓄えた財産は、すべて法定相続人が相続することになります。

このように、婚姻届けを提出しているか、提出していないかの選択次第によって、遺産分割が大きく変わってしまい、長年苦楽を共にしてきた事実上の配偶者に相続権がないのは、あまりに可哀想です。

「事実婚の夫婦」の場合には、「遺言書」が作成されていないと、残された相手方（配偶者）は、預貯金ばかりか住居までも失う結果にもなりかねません。

事実婚における配偶者（内縁関係者）の今後の生活を案じるのであれば、必ず「遺言書」を残しておきましょう。

また、相手方の老後生活に困らない程度の財産を生前に贈与しておく方法も、考えておくとよいでしょう。

5 愛人の子がいる人は遺言で認知をしておきましょう！

戸籍上結婚している男性が、妻以外の女性（愛人）との間の不倫関係で子供をもうけた場合、その男性の対応はさまざまです。

妻にすべてを打ち明ける人、妻には何も話さずに隠し続ける人、なかには自分の子供であることを認めずに逃げ回る人もいるかもしれません。

男性がその子供を自分の子供として認め、認知を届け出た場合には、非嫡出子として男性の「相続人」になります。

「認知の届出」を行わないならば、法的には父親のいない子供となり、男性の相続人になることはできません。

認知できない人の中には、本当は認知したいけれども、妻をはじめとした家族、職場、近隣住民などの手前、なかなか認知できない状況にある方もいらっしゃいます。そのような人のために、生前に認知するのではなく、「遺言」によって認知する方法も考えられます。

いろいろな事情があって生前には認知できなかった愛人の子に対しては、「遺言書」を残すことにより非嫡出子の認知を成し遂げることもできます。ただし、亡くなった後の噂は覚悟しておかなければなりませんが……。

認知の遺言は、遺言者の死亡時にその効力を発揮できます。

遺言で認知された子供がいる場合、遺言執行者は就任から一〇日以内に「認知の届出」を行わなければなりません。

「認知の届出」は必ず遺言執行者が行うことになっていますので、「遺言書」を書くときに「遺言執行者」を指定しておく必要があります。ただし、遺言執行者の指定がない場合には、利害関係人の請求によって家庭裁判所が選任することになります。

なお、成年に達した子供の認知は、その子供の承諾が必要とされています。したがって、遺言で認知された成年は遺言執行者に対して承諾するか否かの意思を表示しなければなりません。

認知された場合には、法律上、子供の出生のときに遡って親子関係であったとみなされます。

6 生涯独身者や未亡人は早目に遺言書を作成しましょう！

日本の「生涯未婚率」は、年々増加しています。

生涯未婚率とは、生涯独身者がどの程度いるのかを示す指標ですが、具体的には、四五～四九歳と五〇～五四歳の未婚率の平均値から、五〇歳時においても結婚経験のない人の割合を算出した割合です。

結婚しない理由としては、「適当な相手に巡り逢えない。」、「経済力に不安があります。」、「自由・気楽さを失いたくない。」などの理由があげられています。

「おひとりさま」と俗称されている女性独身者の多くは、親が亡くなり、兄弟姉妹が結婚すると、老後は一人で生活することになります。

また、既婚者であっても、子供がいなければ、配偶者が他界された後では、一人で暮らすことになります。

「おひとりさま」として優雅・気楽に独身生活を謳歌されていても、健康でいる間には問題は表面化しません。

しかし、病気や、認知症になった場合には、亡くなった後の葬式、墓や財産がどうなるのかという不安・問題を抱えることになります。

テレビの報道番組によれば、一人暮らしの高齢者が誰に知られるわけでもなく、引取り手もなく亡くなっていく、いわゆる「老人孤独死（無縁死）」が増えています。自宅で死亡し、死後かなりの期間が経過してから遺体が発見されるケースもしばしばあるようです。

元気なうちに老後あるいは死後のことを考え、自分の財産を死後どのように使ってほしいかという「遺言書」を残しておけば、孤独死による遺品処理・不用品処分などはスムーズに対応できます。

さらには、住居の処分、葬儀の手配、お墓（永代供養）のことなど、死後に必要となるすべての手続きを生前に予約しておいて、亡くなった後には誰にも迷惑をかけないように準備している方もいます。

7 お世話になった人や団体に遺言で財産を寄附できます

亡くなった人（被相続人）に法定相続人がいない場合、原則として、その遺産は国に帰属します。しかし、国ではなく、お世話になった人あるいは慈善団体・宗教法人、長年暮らしてきた地元の市役所・図書館、出身大学・高校などに自分の財産を残したいと考える人もいます。そのようなときには、遺言によって「遺贈」を行うことができます。

たとえば、「出身大学の発展のために研究所の増設資金を寄附します。」、「お世話になっているお寺に全財産を寄附したい。」、「市の図書館に財産の一部を寄贈します。」という「遺言書」を作成している奇特な方もいらっしゃいます。

遺言による団体や市役所などへの遺贈は、「遺贈による寄附」と呼ばれています。または、**遺贈寄附《いぞうきふ》**と通称されています。

「遺贈寄附」は、生前における自分の意思を実現する方法として、最近は着目されつつあります。

遺贈寄附は、「法定相続人」がいるときでも行うことができます。その場合には、次の点に注意が必要です。

① 法定相続人の遺留分を侵害しない。

法定相続人の遺留分を侵害してまでも遺贈を行うと、遺留分を侵害された法定相続人は、遺贈寄附の相手先に対して、「遺留分侵害額請求権」を敢行することも考えられます。せっかくの厚意による「遺贈寄附」が無用な紛争の原因となり、相手方に迷惑がかかってしまうこともあります。

このような場合には、あらかじめ法定相続人に「遺留分の放棄」を頼んでおくか、遺留分を侵害しない「遺言書」を残しておくといった配慮が必要です。

② 遺贈寄附の相手先に事前確認を行います。

「遺贈寄附」を計画していても、相手先は財産ならどんなものでも受け取ってくれるわけではありません。たとえば、現金ならば受け取れるが、動産・不動産はものによっては受け取れないケースも多々あります。

「遺贈寄附」を行う場合には、あらかじめ遺贈相手先の事情を斟酌し、寄附の理由・趣旨と具体的な財産の種類・金額を伝達し、了解を得ておく必要があります。

③ 遺贈寄附の理由を付言事項で明記します。

「遺贈寄附」を行うときは、「どのような想いで寄附をするのか」、「財産をどのようなことに役立てて欲しいか」などを遺言書の付言事項に記載しておくとよいでしょう。

付言事項の記載には法的な拘束力はありませんが、財産の受領側でも、なるべく遺言者の意思に副った財産の使途を検討し、社会貢献活動に役立てられることに配慮できます。

④　遺言執行者を指定します。

遺言執行者の指定は遺言の必要条件にはなっていませんが、指定しておくことによって遺言執行手続きが円滑に進みます。特に「遺贈寄附」を行う場合には、信頼できる人にお願いしておくとよいでしょう。

8　死後にペットの世話をお願いしたい人は遺言書を作りましょう！

最近のペットブームで、ペットを家族同然に思っている方も多くいらっしゃいます。

ペットが死んだときには、人間並みの葬式を出し、ペット・ロスに苦しんでいる方もいます。極めつけは、「全財産をペットの犬に相続させたいので、遺言書を残しておきます。」と言われる人もいるようです。

国によっては、ペットに財産を相続させることもできるようですが、被相続人の相続財産を引き継ぐことができるのは、日本の法律では「人」だけです。ペットは「物品」に属しますので、遺産を相続させることはできません。

どうしてもペットに財産を相続させたい人は、自分の死後にペットの世話をしてくれる人のために財産を相続させる遺言書を作成しておけばよいでしょう。

もしペットの世話をしてくれる人が法定相続人である場合には、ペットの世話を条件にして、ペットの世話にかかる金額を加算した相続財産を残すという遺言書を残しておけばよいでしょう。

法定相続人でない場合には、遺贈の形でペットの世話を依頼することができます。

第六章　相続税対策

1 生前贈与で相続財産を減らしましょう！

相続税対策として最も効果のある方法は、相続財産そのものを生前に減らしておく**生前贈与**でしょう。

ただし、個人（贈与者）から贈与（死因贈与を除きます）によって財産を取得した個人（**受贈者**といいます）には、その取得財産（**贈与財産**といいます）の価額を基準にして**贈与税**が課されます。

また、相続発生から過去三年以内に贈与した財産は、相続税の課税対象になりますので、その前に少しずつ、贈与税の基礎控除内で財産を親族に移転しておけば、相続人は相続税を節税できます。

贈与税の基礎控除は一人につき年間一一〇万円ですので、一月から一二月までの間に一人当たり年間一一〇万円まで財産を贈与しても、贈与税はかかりません。

この基礎控除を生前に利用することによって、配偶者、子供や孫に財産贈与しておけば、かなりの金額の財産が無税で済むことになります。

配偶者と二人の子供がいる場合、年間三三〇万円（＝一一〇万円×三人）以内の財産を生前贈与しても、贈与税を支払う必要はありません。この対策を一〇年・二〇年と続けていけば、大きな財産を配偶者・子供に引き渡すことができ、その分、相続時に相続税を節約できます。

二〇年過ぎれば、子供達も結婚し、孫も生まれているかもしれません。子供達の配偶者（二人）、孫達（たとえば、四人）も含めれば、年間九九〇万円（＝一一〇万円×九人）の基礎控除が活用できます。

ただし、贈与では、贈与者と受贈者との間で合意があって初めて成立しますので、贈与者だけでなく受贈者にも「贈与」という認識がなければ、贈与したことにはなりません。

たとえば、父親が子供に内緒で子供名義の通帳を作り、毎年一一〇万円をその口座に振り込んでいる場合には、贈与とは認められません。この操作は「名義預金」と俗称されていますが、名義は子供であっても親の財産とみなされ、相続税の税務調査で問題となります。

このような名義預金の対策としては、配偶者・子供・孫達と贈与契約書を作成し、贈与者と受贈者との間で贈与合意が成立したことを示す契約書に署名・押印していることが必要でしょう。

また、贈与の成立を証明するために、たとえば一二〇万円を贈与して、贈与税の申告を行う方法もあります。一二〇万円の贈与では、一〇万円が贈与税の対象となり、一万円（＝一〇万円×一〇％）の納税が必要となります。

ただし、少額の納税であっても、税務署に納税の証拠を残すことができますので、贈与があったという事実を証明する強力な証拠となります。年によっては、一一一万円の贈与により一、〇〇〇円の贈与税、一一〇万一、〇〇〇円の贈与により一〇〇円の贈与税に抑えることもできます。

この手法は、受贈者（たとえば、子供）には少額の贈与税がかかってしまいますが、相続人の相続税を減らすのには非常に効果的です。

● 贈与税の超過累進税率 ●

① 直系尊属から 20 歳以上の者への贈与

基礎控除・配偶者控除後の課税価格（A）	税率	税額の速算式
200 万円以下	10%	（A）×10%
200 万円超　400 万円以下	15%	（A）×15%−10 万円
400 万円超　600 万円以下	20%	（A）×20%−30 万円
600 万円超　1,000 万円以下	30%	（A）×30%−90 万円
1,000 万円超　1,500 万円以下	40%	（A）×40%−190 万円
1,500 万円超　3,000 万円以下	45%	（A）×45%−265 万円
3,000 万円超　4,500 万円以下	50%	（A）×50%−415 万円
4,500 万円超	55%	（A）×55%−640 万円

② 上記以外の者への贈与

基礎控除・配偶者控除後の課税価格（A）	税率	税額の速算式
200 万円以下	10%	（A）×10%
200 万円超　300 万円以下	15%	（A）×15%−10 万円
300 万円超　400 万円以下	20%	（A）×20%−25 万円
400 万円超　600 万円以下	30%	（A）×30%−65 万円
600 万円超　1,000 万円以下	40%	（A）×40%−125 万円
1,000 万円超　1,500 万円以下	45%	（A）×45%−175 万円
1,500 万円超　3,000 万円以下	50%	（A）×50%−250 万円
3,000 万円超	55%	（A）×55%−400 万円

2 教育資金の一括贈与非課税措置を活用しましょう！

平成二五年四月一日から令和三年三月三一日までの間に、直系尊属（父母や祖父母など）から四〇歳（平成三一年三月三一日までは三〇歳）未満の子供や孫に対して学校等の**教育資金**を贈与する場合には、一人当たり一、五〇〇万円（学校等以外に支払う金銭については五〇〇万円）までの金額については、贈与税の課税価格に算入しないことができます。

直系尊属から書面による贈与により取得した金銭を教育資金管理契約に基づき銀行等に預け入れた場合等において、子・孫（受贈者）名義の教育資金口座から払い出したお金で教育資金の支払いを行うと、子・孫ごとに一、五〇〇万円まで贈与税が課税されません。

子供や孫の数が多ければ、「直系尊属から教育資金の一括贈与を受けた場合の贈与税の非課税制度」を活用することによって、生前に相続財産を減らすことができますし、子・孫（受贈者）には贈与税がかかりません。

受贈者（子・孫）は、この非課税制度の適用を受けるために「教育資金非課税申告書」を金融機関を経由して、受贈者の納税地の所轄税務署長に提出しなければなりません。

ここに、贈与税の非課税対象となる「教育資金」とは、次のような金銭です。

①　学校等に対して直接支払われる金銭

イ　入学金、授業料、入園料、保育料、施設設備費

ロ　入学・入園のための試験に係る検定料

ハ　在学証明書、成績証明書、その他学生、生徒、児童、幼児または乳児の記録に係る手数料およびこれに類する手数料

ニ　学用品の購入費、修学旅行費または学校給食費その他学校等における教育に伴って必要な費用に充てる金銭

②　学校等以外に対して直接支払われる金銭

イ　教育（たとえば、学習塾、そろばん塾など）に関する役務の提供の対価

ロ　施設の使用料

ハ　スポーツ（たとえば、水泳、体操など）または文化芸術（絵画、ピアノなど）に関する活動その他教養の向上のための活動に係る指導への対価

ニ　前記イまたはハで使用する物品の購入費用であって、役務提供者または指導者に直接支払われるもの

ホ　学用品の購入費、修学旅行費または学校給食費その他学校等における教育に伴って必要な費用に充てる金銭であり、かつ、学生等の全部または大部分が支払うべきものと当該学校等が認めたもの

平成三一年四月一日からは、「教育資金」の範囲から、学校等以外の者に支払われる金銭であり、受贈者が二三歳に達した日の翌日以後に支払われるもののうち、教育に関する役務提供の対価、スポーツ・文化芸術に関する活動等に係る指導の対価、これらの役務提供または指導に係る物品の購入費および施設の利用料は除外されます。

なお、贈与税の非課税対象となる「学校等」とは、幼稚園、小・中学校、高等学校、大学、大学院、高等専門学校、専修学校、各種学校、保育所、保育所に類する施設（たとえば、児童発達支援を行う障害児通所支援事業の施設など）、認定こども園、一定の外国語の教育施設（たとえば、外国の学校教育制度に位置付けられている学校、文部科学大臣が認定した日本人学校、外国大学の日本校、インターナショナルスクールなど）、水産大学校、航空大学校、職業能力開発総合大学校などを指します。

受贈者（子供や孫）は、払い出した金銭が「教育資金口座」に充当したことを証明する書類を金融機関に提出しなければなりません。

受贈者が四〇歳になったときに、「教育資金口座」に係る契約は終了しますので、金融機関は「教育資金支出額」その他の事項を記載した調書を受贈者の納税地の所轄税務署長に提出しなければなりません。

「教育資金口座」に残額があれば、受贈者が四〇歳に達した日にその金額分の贈与があったものとみなされ、贈与税が課税されます。

3 養子縁組みで相続人が増えると相続税が減る！

相続税の総額は、被相続人から相続または遺贈によって取得した相続財産を取得したすべての者に係る「相続財産の課税価格」から、「遺産に係る基礎控除額」を控除した課税遺産額について、その被相続人の「法定相続人の数」に応じて、相続人が「法定相続分」に応じて取得した場合におけるその各取得金額につき、それぞれの金額にそれぞれの税率を乗じて計算した金額の総計です。

つまり、「遺産に係る基礎控除額」を超える部分に相続税が課されることになりますので、「遺産に係る基礎控除額」の範囲内であれば、相続税は課税されません。現在、「遺産に係る基礎控除額」は、下記の計算式のように計算されています。

つまり、相続財産の額が同じであっても、法定相続人の数によって相続税の総額は変わってしまいます。法定相続人の数が多ければ多いほど、相続人の相続税は少なくて済みます。

法定相続人は、被相続人（故人）と配偶関係にある配偶者と血族関係にある血族相続人（父母、子供、兄弟姉妹）に限定されていますが、実子だけではなく、養子も法定相

■計算式

基礎控除額＝3,000万円＋600万円×法定相続人の数

続人になることができます。

昔から、相続税対策の一つとして、孫を養子にする**養子縁組み**が行われています。

しかし、法律上は、何人でも養子縁組みはできますが、相続税法上は、法定相続人として計算できる養子は、実子がいる場合には一人、実子がいない場合には二人までとなっています。

つまり、何人養子をとっても一人分または二人分しか基礎控除は増えません。

そうは言っても、法定相続人が一人または二人増えますと、基礎控除が六〇〇万円または一、二〇〇万円増加しますので、相続税は少なくなります。

さらに、基礎控除の増額によって超過累進税率が下がる可能性もあります。相続税率が下がれば、自動的に相続税の総額も減少します。

前述しましたように、子供の配偶者（とりわけ、

相続税の超過累進税率

各取得分の金額（A）	税率	税額の速算式
1,000万円以下	10%	（A）×10%
1,000万円超　3,000万円以下	15%	（A）×15%−50万円
3,000万円超　5,000万円以下	20%	（A）×20%−200万円
5,000万円超　1億円以下	30%	（A）×30%−700万円
1億円超　2億円以下	40%	（A）×40%−1,700万円
2億円超　3億円以下	45%	（A）×45%−2,700万円
3億円超　6億円以下	50%	（A）×50%−4,200万円
6億円超	55%	（A）×55%−7,200万円

長男の妻）を養子にして財産を相続させるということもできます。長男の妻はそのままでは法定相続人にはなれませんので、同居・療養看護に努めてくれた長男の妻を養子にして財産を相続させるということもできるのです

ただし、養子縁組みで相続人が増えると、本来の相続人の相続分は減りますし、各種の問題が生じますので、お薦めできないかもしれません。

4 相続時精算課税制度を活用しましょう

相続時精算課税制度とは、相続時に被相続人から相続される予定の財産を被相続人の生前に引き継ぐことにより、贈与財産に対する贈与税を二、五〇〇万円まで非課税にできる制度です。

贈与税の非課税制度を利用した相続税対策の一つであり、生前贈与で二、五〇〇万円までの贈与財産が非課税となります。非課税限度額の二、五〇〇万円は、一括贈与でも複数回贈与でもかまいません。

ただし、二、五〇〇万円を超えた贈与財産に対しては、一律二〇％の贈与税が課されます。

「相続時精算課税制度」は、相続税の前払制度ですので、被相続人が亡くなったときには、その贈与を受けた分の金額が相続財産に加算されます。

そのため、財産価値が上がると予想される財産、たとえば、値上がりが予想される株式、賃貸マン

ションなどの利益が得られる財産などは、早期に（生前に）相続人に贈与していくことによって、相続時に節税が実現できます。

贈与時には三、〇〇〇万円であった賃貸マンションの相続時の価値が五、〇〇〇万円まで上がっていたとしても、三、〇〇〇万円として相続財産に算入されるからです。

他方、財産価値が下がると予想される財産については、この制度の利用は不利に働きます。相続時の相続財産の評価は贈与時の金額となっていますので、贈与財産の高い金額で相続財産が計算されます。

たとえば、贈与時に一、〇〇〇万円であった株式が、相続時に五〇〇万円まで値下がりしていた場合でも、一、〇〇〇万円の相続財産として計算されてしまいます。

また、相続時精算課税制度の適用を受ける場合には、年間一一〇万円以内の贈与税の基礎控除を放棄したことになります。

したがって、年間一一〇万円の基礎控除と二、五〇〇万円の非課税を比較して、どちらが節税になるのかを判断する必要があります。

相続時精算課税制度を用いた贈与財産と将来の相続財産の合計が、相続税の基礎控除（三、〇〇〇万円＋六〇〇万円×法定相続人の数）に収まる場合には、節税対策として有効になります。

なお、相続時精算課税制度の適用を受けるためには、満六〇歳以上である親または祖父母から、満二〇歳以上の子または孫である推定相続人に対する贈与であることという条件もあります。

相続税対策として相続時精算課税制度を利用する場合には、税理士などの専門家に相談するほうがよいでしょう。

また、贈与税の非課税制度を利用した相続税対策としては、婚姻期間二〇年以上の夫婦の自宅の贈与があります。居住用不動産（居住の用に供する家屋または敷地）を配偶者に贈与した場合には、二、〇〇〇万円までは贈与税が課されません。

居住用不動産の贈与には「贈与税の配偶者控除」が認められていますので、配偶者の死亡により残された他方配偶者の余生の経済的・精神的安定を保証してあげるために活用されるべきでしょう。

旧民法では、せっかく配偶者に居住用不動産を贈与しても、遺産分割にあたっては遺産の先渡しを受けたものとして扱われ、贈与した財産も相続財産とみなされていました。

しかし、令和元年七月一日からは、居住用不動産が遺産分割の対象資産から除外されることになりました。

5 配偶者には一億六、〇〇〇万円までの税額控除があります

各人の相続税の算定にあたっては、まず、相続財産から非課税財産・債務・葬式費用を控除した「課税価格の合計額」を算出し、次に、「基礎控除額」を差し引いた「課税遺産額」を計算します。

相続開始前三年以内に故人（被相続人）から生前に財産を贈与された場合には、その贈与財産の価格は「相続税の課税価格」に加算されます。

この課税遺産額に基づいて、各相続人の法定相続分に応じた相続税額によって、すべての相続人に係る「相続税の総額」が総計されます。

最後に、その総額に基づいて各相続人の相続税額を算出し、各相続人に係る「税額控除」を差し引いて「各相続人の納税額」を算定します。

たとえば、免税できる「税額控除」として、相続税の課税価格に加算した贈与財産に係る贈与税相当額は「贈与税額控除」として控除されます。

ただし、被相続人の一親等の血族や配偶者でない一定の相続人には、「各相続人の相続税額」の二〇％相当額が上乗せされます。

なお、被相続人の配偶者が相続財産を取得した場合には、配偶者の相続税額は租税優遇措置によって軽減されています。

つまり、下記の計算式の①・②により計算した金額のうち、いずれか少ない金額が**配偶者税額軽減**として、その配偶者の相続税額から控除されます。

配偶者の法定相続分に応じた相続税額のうち免税できる金額の上限額は、一億六、〇〇〇万円と法定相続税額のどちらか高い金額となります。

つまり、配偶者の相続税額を算出して一億六、〇〇〇万円以下であれば、相

■計算式

① 相続税の総額 × $\dfrac{\text{相続税の課税価格の合計額×配偶者の法定相続分}^{(注)}}{\text{相続税の課税価格の合計額}}$

② 相続税の総額 × $\dfrac{\text{配偶者の相続税の課税価格}}{\text{相続税の課税価格の合計額}}$

（注）1億6,000万円に満たない場合には、1億6,000万円

相続税額の計算構造

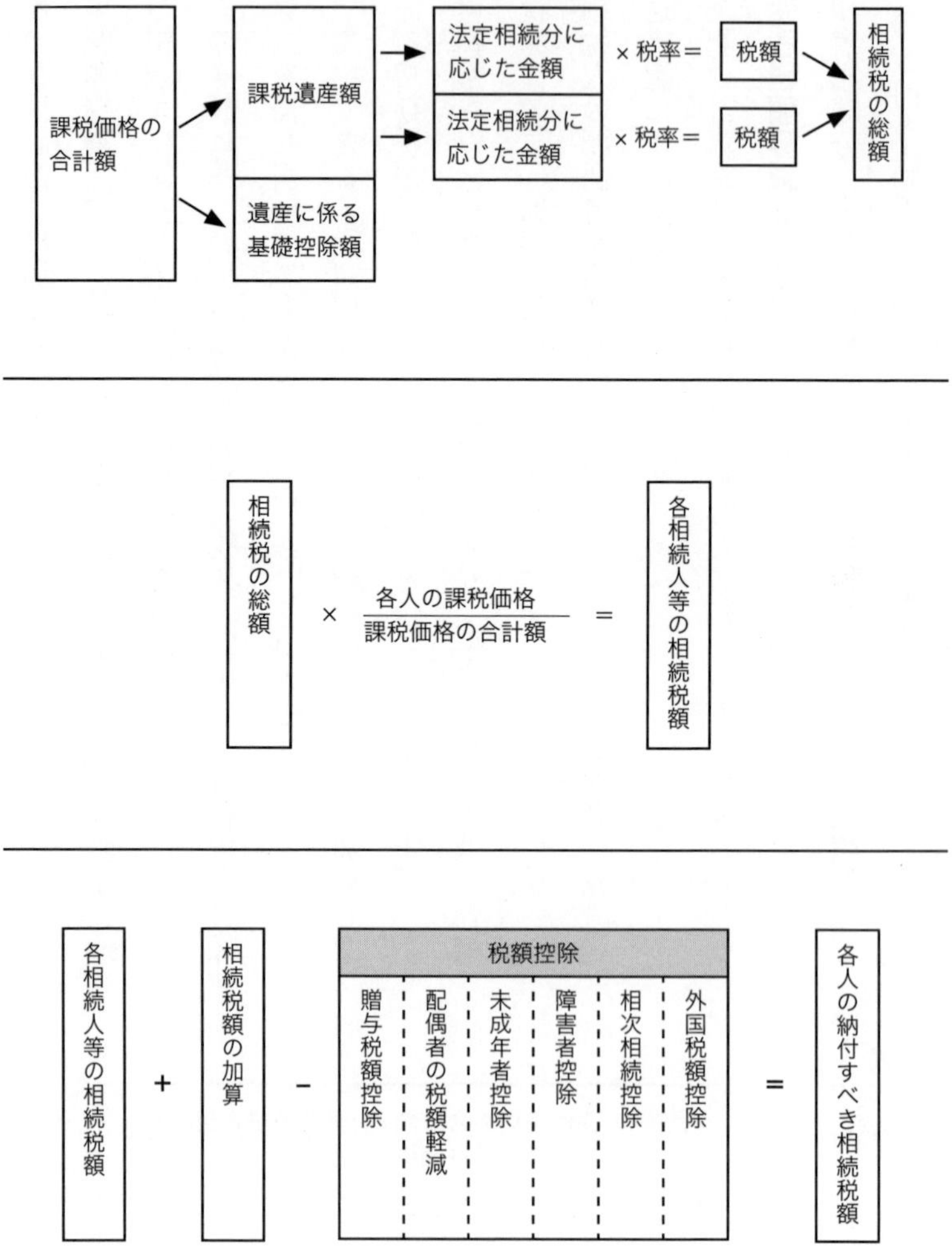
課税価格の合計額
課税遺産額
遺産に係る基礎控除額
法定相続分に応じた金額
×税率＝
税額
法定相続分に応じた金額
×税率＝
税額
相続税の総額
相続税の総額
×
各人の課税価格
課税価格の合計額
＝
各相続人等の相続税額
各相続人等の相続税額
＋
相続税額の加算
－
税額控除
贈与税額控除
配偶者の税額軽減
未成年者控除
障害者控除
相次相続控除
外国税額控除
＝
各人の納付すべき相続税額

続税を納付しなくてもよいわけです。

「配偶者税額軽減」は、相続後における他方配偶者の生活保障、夫婦間の財産形成の相互貢献等を考慮に入れた「税額控除」であるといえます。

「配偶者の税額軽減」の適用を受けようとする場合には、納付すべき相続税額がない場合でも、納税地の所轄税務署長に「相続税の申告書」を提出しなければなりません。

相続税の申告期限は、相続の開始があったことを知った日の翌日から一〇か月以内となっています。申告期限までに申告書を提出する必要がありますが、「税額控除」の金額が大きく、減税効果は高くなりますので、納付すべき相続税額がない場合でも、「配偶者の税額軽減」の適用を受けることを薦めます。

6 生命保険の非課税枠を活用しましょう！

相続財産が現金・預金・有価証券のような金融資産であれば、納税資金に困ることはないかもしれませんが、相続財産として即時に換金できない土地・建物等が極端に多く、現金・預金がほとんどない場合には、納税資金に困ることになります。

納税資金の準備不足のために、銀行から借り入れることにもなりかねません。あるいは、土地・建物等の相続財産を売却して、納税資金を捻出する必要があるかもしれません。

土地・建物等を即時に換金しようとすれば、割安に売却処分しなければならないかもしれませんし、高く売ったとしても資産の譲渡所得税が課税されます。

そこで、被相続人が土地を複数所有していた場合には、マンション等の収益物件を建築し、それを生前贈与しておけば、相続人は収益物件の活用により納税資金を捻出できるかもしれません。

相続税対策として、多額になるであろう相続税の「納税資金」を確保することも重要です。

その一般的な方法としては、相続財産の売却や収益物件の活用のほかに、生命保険の非課税枠を活用する方法があります。

「みなし相続財産」である生命保険には一定の非課税枠があり、遺産分割協議の際に遺産分割対象にしなくてもよいので、まとまった資金を希望する相続人に相続させることができます。

被相続人が保険契約者として保険をかけ、**生命保険料**を支払っていた場合、相続人が受け取る保険金には、「みなし相続財産」として相続税が課されます。

ただし、相続税法上、受取保険金のうち「五〇〇万円×法定相続人の数」の非課税が認められています。

生命保険金が入れば、それをそのまま納税資金・葬儀費用等に充当することもできます。

被相続人が二、〇〇〇万円の現金を保有したまま他界しますと、その二、〇〇〇万円がそのまま相続財産に含まれ、相続人に課税されます。

他方、被相続人が生前に二、〇〇〇万円の生命保険をかけていたために、相続人が死亡保険金として二、〇〇〇万円を受け取った場合、**生命保険の非課税枠**によって相続税は軽減または〇円にできます。

このため、生命保険の活用は節税目的として有効な方法といえます。しかも、生命保険の非課税枠の最大の特徴は、遺産分割協議の対象外にすることができるため、相続人の最低限の取り分である遺留分を考慮する必要がありません。

したがって、特定の相続人（たとえば、病弱な子供、経済的困窮者）に資金として残すことができます。

7 小規模宅地等には課税価格が大幅に減額されます

被相続人から相続した居住用宅地または事業用宅地のうち、必要最小限規模の宅地等は、相続人の生活基盤維持のため欠くことのできないものです。

通常、その処分には相当の制約を受けますので、課税価格の計算上、「通常の取引価格」に基づく評価額をそのまま適用するのではなく、課税価格計算の特例として、「小規模宅地等」の相続税評価額は減額されています。

相続開始直前に被相続人の事業用または居住用の宅地等であり、「限度面積要件」を満たす「小規模宅地等」に限り、相続税の課税価格に算入すべき価額は、当該小規模宅地等の価額に小規模宅地等の利用区分に応じ、一定の「減額割合」を乗じて計算した金額とされています。

小規模宅地等は、特定居住用宅地等、特定事業用宅地等または特定同族会社事業用宅地等（以下「特定事業用等宅地等」といいます）、貸付事業用宅地等に区分され、それぞれに「限度面積」と「減額割合」が法定されています。

たとえば、「特定住居用宅地等」を相続した場合、三三〇平方メートル（一〇〇坪）までの評価額は八割減らすことができます。三三〇平方メートルを超えている部分は、「相続税評価額」で相続財産に加えられます。

相続した三〇〇平方メートルの住居用宅地等の「相続税評価額」が五、〇〇〇万円である場合には、相続財産の計算上、宅地等は一、〇〇〇万円で評価できます。

宅地の評価に一定の調整を加える小規模宅地等に関する相続税の課税価格の計算の特例（以下「小規模宅地等の特例」といいます）は、相続財産の評価額から大きな金額が控除されますので、相続税の節税対

● 小規模宅地等における限度面積と減額割合 ●

小規模宅地等の区分	限度面積	減額割合
特定居住用宅地等	330㎡	80%
特定事業用等宅地等	400㎡	80%
貸付事業用宅地等	200㎡	50%

策として効果的です。

「小規模宅地等の特例」の適用対象となる「特定居住用宅地等」の要件としては、被相続人が亡くなる直前まで自宅として使用していたことが必要です。

また、被相続人が生前に養護老人ホーム、介護老人保健施設、障碍者支援施設などで生活していた場合には、賃貸等をしていなければ、居住用の宅地等とみなされています。

「特定事業用等宅地等」の特例では、宅地の限度面積が四〇〇平方メートルと広く、宅地の評価額も八割減額できますので、納税負担を大きく減らすことができ、事業を継続していくうえでかなり有利となります。

この特例を適用する場合、相続人は事業を相続税の申告期限までに引き継ぎ、かつ、事業を営んでいる必要があります。

ただし、相続開始前三年以内に新たに事業用に使用された宅地は、その宅地に一定規模の設備がある場合を除いて、適用対象から除外されます。

「貸付事業用宅地等」における貸付事業には、不動産貸付業、駐車場業、自転車駐輪場業等が該当しますが、相続開始前三年以内に新たに貸付事業のために使用された場合には、適用対象から除外されます。

「小規模宅地等の特例」の適用を受けるためには、相続税の申告期限（相続開始から一〇か月）までに適用申請を行う必要があります。

8 中小企業者の事業承継のたにの相続税が猶予・免除されます

日本では、国内企業全体の九九％以上が従業員数の七割弱を占める中小企業における後継者の事業承継問題が深刻になっています。

後継者不在のために、廃業に追いこまれる中小企業も少なくありません。

幸いにして息子や娘婿が後継者として事業を承継した場合にも、後継者である相続人と後継者でない相続人との間の相続争いや贈与税・相続税の支払義務の問題に対処しなければなりません。

中小企業の事業承継を支援するために、平成二一年度の税制改正時に「事業承継税制」が創設され、平成三〇年に抜本的な改正が行われました。

平成三〇年四月から一〇年間の特例措置として、「入口要件」（事業承継税制の適用を受けるための要件：対象株式数の上限の撤廃と猶予割合の引上げ、対象者の拡充等）および「出口要件」（事業承継税制の適用を受けた後の要件：適用後五年間の雇用平均八割維持の撤廃、適用後六年以降の株価の再計算）等の緩和が講じられました。

中小企業の事業承継税制の適用を受けるためには、まず、事業承継に向けた計画である「特例承認計画」を作成し、都道府県知事に提出しなければなりません。

この特例承継計画を五年以内に作成し、一〇年以内に事業承継を実行する必要があります。「特例承認計画」は、中小企業者であり、先代経営者が代表権を有している（または過去に有していた）場合は、提出することができます。

中小企業者に該当する法人のオーナー経営者からその後継者に事業承継される場合、法人の事業承継財産は主に株式です。

租税優遇措置としては、非上場株式の相続税が猶予されています。

従来、猶予対象となる株式は、贈与・相続等により取得した株式等のうち、発行済議決権株式総数の三分の二に限定されていました。つまり、残りの三分の一の株式に対しては納税猶予の対象とはならず、贈与税や相続税を支払う必要がありました。

また、相続税の納税猶予割合も八〇％であり、二〇％相当分を納税しなければなりませんでしたので、猶予割合は最大で五三％（＝2/3×80％）となり、相続税全体の半分程度しか猶予できませんでした。

平成三〇年度改正による特例措置では、対象株式数は三分の二から一〇〇％までに引き上げられるとともに、猶予割合も一〇〇％に改正されました。

つまり、事業承継に係る対象株式数の上限の撤廃と猶予割合の引上げによって、その会社の全株式に係る贈与税・相続税が一〇〇％猶予の対象になります。事業承継を行うに際して、現金負担は実質的になくなりました。

また、従来は、事業承継税制の対象者としては、一人の先代経営者から一人の後継者でした。特例措置では、株式の贈与・相続する対象者に親族以外の第三者が含められ、受け取る対象者も最大で三人まで可能となっています。この三人は、それぞれ代表権を有している方に限定されています。

事業承継税制の適用を受けた後には、従来、五年間の従業員数は事業継承時の平均八割を維持する必要があり、もし八割を維持できない場合には、その時点で猶予税の全額を納付しなければなりませんでした。

平成三〇年度税制改正によって、五年平均八割雇用の要件が抜本的に見直され、この要件を満たしていない場合、その理由を報告すればよいことになっています。その理由が経営上問題ないものであれば、納税猶予を継続することができます。

ただし、経営悪化等により雇用要件をクリアーできない場合には、認定支援機関による経営助言・指導を受ける必要があります。

適用後六年目以降に取消事由に該当した場合には、従来は事業継承時の株価に基づいて計算された贈与税・相続税を支払うことになっていました。特例措置では、経営環境の変化を示す一定の要件を満たす場合には、売却・廃棄時の株価に基づいて納税額を再計算し、事業承継時の株価との差額は減免されることになりました。

個人事業者からその後継者に事業承継される場合、個人事業者の事業承継財産は主に事業用宅地等、山林、農地等、事業用建物・工場・倉庫、事業用一般動産（機械装置・器具備品・車両運搬具）等です。

これらの事業承継財産のうち、事業承継税制の適用を受ける財産の租税優遇措置としては、山林・農地等の相続税猶予とともに、事業用宅地等・山林に対しては、相続財産の評価額に一定の割合を乗じた金額を減額できる「課税価格の特例措置」が講じられています。

なお、平成三一年度税制改正によって、土地、建物、機械装置・器具備品等の承継に係る贈与税・相続税の一〇〇％納税猶予制度が創設されました。

参考文献

菊谷宗貴＝肥沼　晃『ナゾかけ問答でわかる　遺言書と相続』税務経理協会、平成二四年。

菊谷正人＝依田俊伸＝井上行忠＝酒井翔子『租税法入門』同文舘出版、平成二八年。

堂薗幹一郎＝野口宣大編著『一問一答　新しい相続法―平成三〇年度民法等（相続法）改正、遺言書保管法の解説』商事法務、二〇一九年。

副島 正雄（そえじま　まさお）

税理士

税理士法人アクア

〒 161-0033　東京都新宿区下落合１－４－18　彰文ビル１階

TEL：03-3368-9643　FAX：03-3368-9645

E-mail：info@aqua-tax.co.jp　URL：http://www.aqua-tax.co.jp/

澁谷　和（しぶや　かず）

税理士・行政書士

渋谷税務会計事務所

〒 990-0832　山形県山形市城西町一丁目 6 番 22 号

TEL：023-666-7935　FAX：023-666-7936

E-mail：info@shibuya-tax.jp　URL：http://shibuya-tax.jp/

監修者・著者紹介

《監 修 者》

菊谷 正人（きくや　まさと）

法政大学名誉教授　会計学博士　租税実務研究学会会長　グローバル会計学会会長　会計税法塾（E-mail：actaxjuku@gmail.com　URL：https://www.actaxjuku.com/）塾長

公認会計士第二次試験試験委員（平成 9 年 11 月～平成 12 年 11 月）

《執 筆 者》

肥沼　晃（こいぬま　あきら）

税理士・行政書士

肥沼会計事務所

〒 120-0034　東京都足立区千住 2 － 54　須川ビル 6 階

TEL：03-5813-8331　FAX：03-5813-8335

E-mail：a.koinuma@nifty.com　URL：http://www.koinuma-kaikei.jp/

國谷 玲子（くにたに　れいこ）

税理士

税理士法人青木会計

〒 223-0062　横浜市港北区日吉本町 1 － 29 － 12

TEL：045-562-9617　FAX:045-562-9618

E-mail: reiko-k@aokikaikei.jp　URL：http://aokikaikei.jp/

監修者・著者との契約により検印省略

令和2年7月1日　初版発行

妻子のためのハッピー相続対策

監修者	菊谷正人
著者	肥沼　晃
	國谷玲子
	副島正雄
	澁谷　和
発行者	大坪克行
印刷所	光栄印刷株式会社
製本所	牧製本印刷株式会社

発行所　〒161-0033 東京都新宿区下落合2丁目5番13号　株式会社 税務経理協会

振替 00190-2-187408　電話 (03)3953-3301（編集部）
FAX (03)3565-3391　(03)3953-3325（営業部）
URL　http://www.zeikei.co.jp/
乱丁・落丁の場合は，お取替えいたします。

ISBN978-4-419-06720-5　C3034